农民培训精品系列教材

农民专业合作社带头人手册

仝瑞芳　刘聚玲　朱恒海　苗建军　陈文勇　单俊　主编

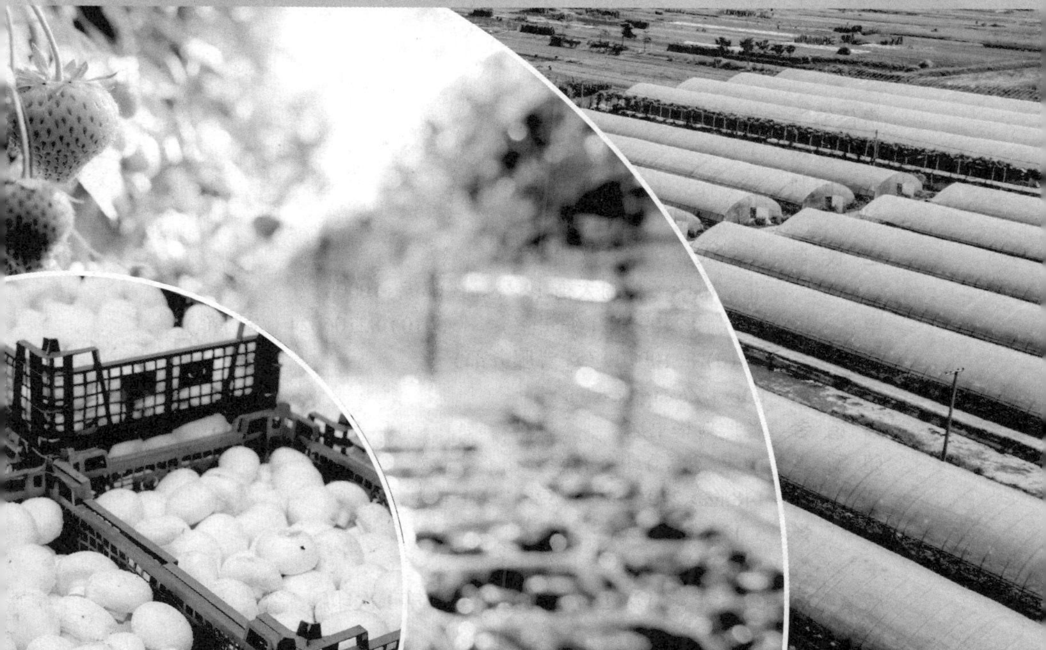

中国农业科学技术出版社

图书在版编目(CIP)数据

农民专业合作社带头人手册 / 仝瑞芳等主编．
北京：中国农业科学技术出版社，2025.4. -- ISBN 978-7-5116-7320-6

Ⅰ.F321.42-62

中国国家版本馆 CIP 数据核字第 2025SY1263 号

责任编辑	张 羽
责任校对	王 彦
责任印制	姜义伟　王思文

出 版 者	中国农业科学技术出版社
	北京市中关村南大街 12 号　邮编：100081
电　　话	（010）82109705（编辑室）　（010）82106624（发行部）
	（010）82109709（读者服务部）
网　　址	https://castp.caas.cn
经 销 者	各地新华书店
印 刷 者	中煤（北京）印务有限公司
开　　本	148mm×210 mm　1/32
印　　张	5.125
字　　数	130 千字
版　　次	2025 年 4 月第 1 版　2025 年 4 月第 1 次印刷
定　　价	36.80 元

◆版权所有·翻印必究▶

《农民专业合作社带头人手册》
编委会

主　编：仝瑞芳　刘聚玲　朱恒海　苗建军
　　　　陈文勇　单　俊
副主编：赵　宇　刘海平　吴炬怡　刘　明
　　　　孙宝龙　田凤广　郭旭光　张云霞
　　　　鲍树忠　魏天杰　任志江　李文兰
　　　　张　飞　陈新海　郭巨擘　韩　峰
　　　　董俊文　刘文峰　呼惠平　袁淑青
　　　　郭建静　徐文帅　崔振华　齐高强
　　　　王世阳　王淑娟　杨　赛　叶文燕
　　　　王少峰　卢爱芬　周梦玲　伯年豪
　　　　阿汉·阿布勒哈克　张贵玲　张　静
　　　　张正基
编　委：黄细文　尹秀玲　沈　林　陆明辉
　　　　李文静　刘　晶　王宏辉　赵　玲
　　　　曾学玲　丁小云　孙童堃

前　言

　　农民专业合作社是推动农业农村现代化、乡村振兴和农村经济发展的重要力量。在市场经济的不断深化和农业供给侧结构性改革的背景下，农民专业合作社通过组织化、规模化、专业化的运作模式，成为提升农民收入、优化资源配置、促进农业产业化的重要途径。然而，在发展过程中，农民专业合作社面临着管理机制不完善、带头人能力不足、资金短缺等多方面的挑战。为了帮助农民专业合作社健康可持续发展，同时总结和推广其成功经验，我们编写了本书。本书以"农民专业合作社"为核心，全面分析了农民专业合作社的概念、发展现状、运作模式和未来趋势。内容涵盖从农民专业合作社的组建到运营机制，从带头人的核心素养到政府的扶持政策，从当前的困境到未来发展的创新路径，力求为农民专业合作社的实际运作提供系统化的理论指导和实践参考。

　　全书共分八章，系统介绍农民专业合作社的概念、背景及作用，阐明其基础理论与发展价值。详细讲解了农民专业合作社的组建流程、管理制度及运营机制，为实际操作提供科学指导。聚焦带头人核心素养，探讨其在农民专业合作社发展中的重要角色与能力提升。分析了农民专业合作社的运作模式、成员培训及解散清算等内容，提供实用的运营方案。同时，剖析政府扶持政策、农民专业合作社现状及面临的困境，提出可持续发展建议。

最后展望农民专业合作社未来趋势，探索转型升级路径，为乡村振兴提供理论与实践参考。

  本书力求兼顾理论与实践，既注重基础知识的普及，也强调具体操作的指导性，适合农民专业合作社管理者、农业产业从业者、政府相关部门及研究机构参考使用。希望本书能为农民专业合作社的发展提供帮助，为乡村振兴和农业农村现代化贡献力量。

编 者

2025 年 4 月

目　录

第一章　农民专业合作社发展概况 ················· 1
- 第一节　农民专业合作社的概念及产生背景 ········· 1
- 第二节　合作社与其他经济组织的区别 ············· 6
- 第三节　组建合作社的作用 ······················· 12
- 第四节　合作社对农民的益处 ····················· 14

第二章　合作社的组建与管理 ······················ 19
- 第一节　组建合作社的法定流程 ··················· 19
- 第二节　合作社创建的主要模式 ··················· 25
- 第三节　合作社组织制度 ························· 28
- 第四节　合作社管理结构 ························· 33

第三章　合作社带头人的核心素养 ·················· 39
- 第一节　合作社带头人的基本素质要求 ············· 39
- 第二节　合作社带头人的创新能力与领导力 ········· 48
- 第三节　合作社带头人的营销理念与品牌意识 ······· 53
- 第四节　带头人角色在合作社发展中的关键角色 ····· 58

第四章　合作社的运作 ···························· 67
- 第一节　合作社的运作模式 ······················· 67
- 第二节　合作社的生产经营管理 ··················· 71
- 第三节　成员的教育与培训 ······················· 95
- 第四节　合作社的合并、分立、解散和清算 ········· 98

第五章 合作社运营机制 ·······106
第一节 合作社的资本与融资 ·······106
第二节 收益分配与成员利益保障 ·······109
第三节 合作社财务管理与会计 ·······110
第四节 合作社运营的透明化 ·······115

第六章 政府对合作社的扶持 ·······117
第一节 政府与合作社的关系 ·······117
第二节 政府在扶持合作社发展中的职能 ·······118
第三节 政府对合作社发展的扶持措施 ·······120

第七章 合作社发展现状与困境 ·······126
第一节 合作社的发展情况 ·······126
第二节 合作社发展困境分析 ·······128
第三节 推动合作社可持续发展建议 ·······131

第八章 合作社的未来发展趋势与创新 ·······137
第一节 合作社在乡村振兴中的作用 ·······137
第二节 新兴农业模式对合作社的影响 ·······141
第三节 合作社的未来发展方向与前景 ·······144

参考文献 ·······153

第一章 农民专业合作社发展概况

第一节 农民专业合作社的概念及产生背景

一、农民专业合作社的定义

改革开放以来，中央确立了农村以家庭联产承包经营为基础，统分结合的双层经营体制，进而农户的市场经营主体地位得以确立。但是，由于生产经营规模小，应对自然风险和市场风险的能力弱，单个农户在商品生产和市场经营中，独自购买生产资料、出售农产品、寻求技术服务等方面遇到了诸多困难，因此，组织起来抱团取暖，共同面对各种风险与困难就成为市场经济体制下分散经营农户的必然选择。同时，在外部市场需求的拉动下，农业产业需要规模化、商品化经营，这进一步激发了农民组建和发展合作社的积极性，国家对此也给予了积极的响应与支持。

2017年12月27日，第十二届全国人民代表大会常务委员会第三十一次会议通过《中华人民共和国农民专业合作社法》（以下简称《合作社法》），于2018年7月1日正式实施。该法明确了农民专业合作社的市场主体地位，对农民专业合作社的组织构建和经营行为进行了规范，是一部与广大农民群众切身利益直接相关的重要法律，有利于农民依法设立农民专业合作社，保障农民利益，为推进农民专业合作社发展提供了坚实的法律保障，并对促进农民增收致富和推进农业产业化、现代化发展具有重要意义。

《合作社法》对合作社作如下定义。合作社（以下简称"合作社"）是在农村家庭承包经营基础上，同类农产品的生产经营者或者同类农业生产经营服务的提供者、利用者自愿联合、民主管理的互助性经济组织。合作社以其成员为主要服务对象，提供农业生产资料的购买，农产品的销售、加工、运输、贮藏以及与农业生产经营有关的技术、信息等服务。

对合作社定义的理解如下。第一，合作社是在家庭承包经营的基础上建立的，即合作社不改变和动摇农户家庭承包经营的基本生产经营制度，这与人民公社有根本的区别。第二，农民群众入社自愿，退社自由，任何个人、组织或单位不得强制农户入社或退社。第三，"同类农产品生产经营"是指从事相同或相似农产品的生产（包括生产资料的购买）、加工、运输、贮藏、销售，以及与该类农业生产经营有关的技术、信息等服务工作。入社成员应是同类农产品的生产经营者，或者是同类农业生产经营服务的提供者、利用者，即生产同一类农产品的农民，或者是能够为此类农产品生产经营提供服务的农民、企事业单位或其他经济实体。比如说，农民养牛是一种专业活动，种植果树也是一种专业活动，养牛的农民在生产中有共同需求，只能由养牛的农民联合起来组建合作社。种植果树也一样。如果养牛和种植果树的农民共同组建一个合作社，养牛的农民在生产中需要的是引进良种、购买饲料等，而种植果树的农民需要的是购买化肥、农药等，他们的买卖对象及利益就不一致了，合作就难以进行。所以《合作社法》强调合作社要以同类农产品为纽带，把农民联系起来组成一个合作社。此外，从事与养牛和种植果树相关经营或服务的企事业单位或其他经济实体也可分别加入养牛和种植果树的合作社，因为它们也从事同类农产品的生产、经营或服务。第四，合作社的性质是自助或互利（助）性经济组织，即合作社主要是农户自己组织起来为自己的农业生产经营服务。当然，外部非农业

第一章　农民专业合作社发展概况

生产者、龙头企业等经济实体也能以成员的身份参与合作社的生产经营，实现与农户的互利共赢。

二、合作社的特点

（一）合作社以农民为主体

《合作社法》要求合作社的成员要以农民为主体，农民成员至少占到成员总数的80%。成员总数少于20人的，可以有1个企事业单位或社会团体成员；成员总数超过20人的，企事业单位或社会团体成员不得超过成员总数的5%。目的是从法律上确保农民在合作社中的主体地位（即在数量上占优势），保护处于弱势地位的农民，维护他们的利益，从而坚持了合作社为农民成员服务的宗旨。

（二）合作社基于农户家庭经营基础之上构建

农村家庭承包经营责任制是我国一项基本的农村经济制度，也是组建和发展合作社的制度基础。《合作社法》规定，农民专业合作社在坚持家庭承包经营责任制的基础上，不改变农民原有的土地承包经营权和财产所有权，完全由农民自主、自愿地构建和发展合作社。这样，基于各自的家庭经营，农户可一起进行农业生产资料的购买，进行农产品的生产、运输、储藏、加工、销售等方面的合作，实现降低生产成本，改善生产经营条件，提高生产经营效率，最终获取最大收益的目的。

（三）合作社成员均是自愿联合

《合作社法》遵循"入社自愿，退社自由"的原则，充分尊重农民的个人意愿。农民可根据自己的情况决定是否加入合作社，任何个人、组织或行政部门不得强迫、干预。加入合作社后，农民如不满意，依合作社章程（以下简称"社章"）的相关规定可退出并带走自己名下的财产，任何个人、组织或行政部门

 农民专业合作社带头人手册

不得限制或强迫合作社成员留下。农民按社章规定加入合作社后，就有权参与合作社的生产经营与管理工作，并按社章规定参与盈余分配。上述这些权利不可剥夺。

（四）合作社内部民主管理和独立自治

《合作社法》规定各成员在合作社组织内部地位平等，并赋予农民对合作社的民主管理权利，实行每个成员"一人一票"的民主管理制。合作社由成员独立自治，在整个生产经营过程中不受任何个人、组织或行政部门的干预，任何个人、组织或行政部门不得侵犯合作社及其成员的合法权益，否则就要承担相应的法律责任。各级地方人民政府、农业行政主管部门和其他相关部门，只能依法对合作社的建设、发展给予指导、扶持，做好监督和服务工作。

（五）合作社成员间相互协调、互助共赢

合作社是互助性的经济组织。合作社可将农民以及原先分散于他们手中的土地、资金、农资、农机等农业生产资料进行集中整合。一方面对农民进行整合，即合作社将农民组织起来进行分工协作：有市场经营才能，有社会关系的人负责合作社的市场营销，有企业管理才能的人负责合作社的生产经营管理，有技术的人负责合作社的农业生产技术等等。另一方面对农民投入合作社的生产资料进行优化配置，以最大限度地实现"人尽其才，物尽其用"，使成员间优势互补、互助共赢，从而帮助农民提高农业生产经营效率，实现增加收入的目的。

（六）具有法人资格、承担有限责任的非营利性经济组织

《合作社法》第五条规定："合作社依照本法登记，取得法人资格。"由此可见，合作社依《合作社法》登记注册后即可获得法人资格，在市场中成为一个新的生产经营主体。合作社与公司为代表的企业法人一样，是独立的市场经济主体，具有法人资

第一章 农民专业合作社发展概况

格,享有生产经营自主权,受法律保护,任何单位和个人都不得侵犯其合法权益。该法第五条同时规定:"农民专业合作社对由成员出资、公积金、国家财政直接补助、他人捐赠以及合法取得的其他资产所形成的财产,享有占有、使用和处分的权利,并以上述财产对债务承担责任。"可见,合作社具有独立承担民事责任的能力,并以实际拥有的资产为限对外承担有限责任。《合作社法》第六条进一步明确:"农民专业合作社成员以其账户内记载的出资额和公积金份额为限对农民专业合作社承担责任。"该规定表明,合作社成员对合作社承担的责任也是有限责任。成员对合作社的出资再加上分配至其名下的公积金份额即为成员投入合作社的股本,成员以股本为限对合作社承担责任,如合作社发生赔偿责任时,成员赔完自己的股本后,对合作社就不再承担其他清偿责任。采取有限责任的形式,符合我国合作社发展的现状,也体现了法律保护合作社成员的宗旨。因为目前我国合作社还处于发展初期,合作社大多由抗风险能力弱小的农民组成,采取有限而不是无限责任形式,有利于保护农民,降低广大农民构建和经营合作社的风险,激励农民组建或者加入合作社,并促进合作社的健康发展。

关于合作社是"非营利组织"有两层含义:第一,合作社对内(成员)不以营利为目的,而是以谋求、维护和改善成员的利益,提高成员的实际收入,追求成员收益的最大化为目标。合作社生产经营过程中所获得的盈余全部属于合作社成员。总盈余扣除了以前年度的损失、债务、当年的成本开支、税费、提取公积金后,就是当年盈余。当年盈余按交易额(量)分配后所剩下的即为净盈余。净盈余按章程规定要全部量化到成员名下,记入成员在合作社的账户中。可见,合作社不谋求自身的利益,一切发展均是为成员服务。第二,在合作社中,资金是为成员更好地从事劳动生产服务的,投入资金的主要目的不是获得利息。生产经

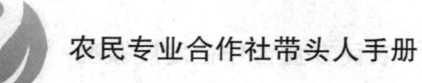

营中获得的盈余，绝大部分（我国《合作社法》规定不得低于60%，在60%~100%的具体比例可由成员大会民主决定）由成员按交易额（量）分配，资金的利息只能在余下的40%的盈余中分配（这一点体现了合作社按劳分配，为农民生产者服务的原则）。因此，资金的收益分配是受到限制的，这就决定了在合作社中资金不能获得更多盈余，因此被认定为"非营利组织"。

第二节　合作社与其他经济组织的区别

一、与龙头企业（股份有限公司）的区别

虽然合作社与龙头企业都具有法人资格，都从事农业生产经营活动，都在农村经济发展中发挥着重要的作用，但两者在本质上有很大的区别。

（一）设立的法律依据不同

龙头企业（股份有限公司）是依据公司法设立的企业法人，合作社是依据《合作社法》设立的互助（或自助）型经济组织。

（二）所有权主体不同

合作社、股份有限公司都是市场经济的产物，都是由成员出若干资金（股金）认购股份，或者以合作社、股份有限公司认可的方式认购股份，然后将成员的资金或实物财产等筹集起来组建经济实体，以实现成员及相关利益者的收益最大化。虽然两者都以股金的形式筹集生产经营资金，但合作社的股金主要是用来维持合作社的生产经营，而不是获得利润的手段，股金的地位已经被降到次要、从属的地位了；成员认购了股份，获得了股权就成了股东，但是股份有限公司的股东范围远比合作社要广得多。股份有限公司可以向社会公开募集资金，其股东人数只有最低要求，没有最高要求。而合作社的所有权拥有者（股东）往往只是

第一章 农民专业合作社发展概况

"同类农产品的生产经营者或者同类农业生产经营服务的提供者、利用者"。

(三) 分配机制不同

合作社以劳动的联合为基础,劳动是获得利润的主要手段,劳动者基于自己提交给合作社的劳动产品而获得合作社的绝大部分收益(不低于60%)。股份有限公司以资本的联合为基础,股金既是经营的手段又是股东对企业的绝对所有权,是股东获得利润的唯一依据,多出资将多分红,实行"按资分配"。而合作社的原始出资只是获得成员资格的凭证,获利多少与出资多少关系不大(股金一般不支付红利,或者红利利息受限)。合作社经营所获得的净盈利主要按成员与合作社的交易额(量)分配。交易额,即成员生产的、交售与合作社,让合作社代为销售的农产品的价值量,这是成员劳动质与量的体现。实行按交易额(量)分配就是实行按劳分配,这是合作社与其他综合性经济组织最本质的区别之一。

(四) 管理与决策方式不同

龙头企业属于资本的联合,决策中实行一股一票,股东以其持有的股份享受权利,即股东的持股越多,权力越大,在决策中就能掌握更大的控制权、管理权。而合作社属于劳动的联合,成员以平等的身份参与合作社的经营决策,决策中实行"一人一票"制,每一个成员无论出资多少都享有一票的表决权。尽管《农民专业合作社示范章程》(以下简称《示范章程》)规定对合作社影响或贡献大的特殊成员享有附加表决权,但附加表决权总票数不得超过基本表决权总票数的20%,其主要目的还是保护大多数成员劳动者的权益。

(五) 经营目的不同

龙头企业以追求投资者的资本收益最大化为目标,并将资

本的收益-利润-按股分配给股东,企业中的劳动者只能获得工资。而合作社对内不以营利为目的,以谋求、维护和改善成员利益为最终目的。合作社在对非成员个人或经济实体进行交易时追求收益最大化,其目的也主要是改善与提高本社成员的收入水平。

二、与个体工商户的区别

(一) 法律地位不同

合作社是企业法人,拥有独立的财产,作为民事主体参与经济活动,并能够独立承担民事责任。个体工商户则属于自然人企业,不具有法人资格,也无独立承担民事责任的能力。但个人私有企业是独立的民事主体,可以以自己的名义从事经济活动。

(二) 投资主体不同

合作社是农民成员所有的企业,其投资主体是农民成员,由农民成员共同出资;而个体工商户由一个自然人投资,其投资主体是自然人,企业财产为投资者个人所有。财产所有权不同合作社的成员对自己投入合作社的财产享有最终所有权,但出让了自己财产的控制权、管理权及使用权等,因此成员投入合作社的财产,在合作社存续期间不得任意支配与转让;而个体工商户的投资人对企业的所有财产享有完整的权利,在企业存续期间可以自由支配与转让企业财产。

(三) 管理方式不同

合作社的最高管理决策权归成员大会,理事会作为成员大会决议的执行机构,负责日常生产经营事务;监事会由成员大会选举产生,主要职责是对理事会的生产经营行为进行监督。合作社中,成员大会、理事会、监事会形成了"三足鼎立"、相互制衡的管理方式。而个体工商户的内部管理方式相对简单,企业主也

第一章 农民专业合作社发展概况

就是投资人可以自行管理日常事务,也可以委托或聘用其他民事行为能力人负责日常生产经营的管理,企业的一切生产经营活动最终完全由企业主决定。

三、与合伙制企业的区别

(一)设立的法律依据不同

合伙企业是依据《中华人民共和国合伙企业法》设立的企业,合作社是依据《合作社法》设立的互助型、自我管理的经济组织。合作社不会因成员的加入或退出就影响组织的正常生产经营,而如果一个合伙企业中某一合伙人退出,那该企业就必须重新建立合伙关系,以此来稳定和平衡企业产权关系发生的重大变故。

(二)成员的来源不同

从成员的来源看,在合作社中除了具有管理公共事务职能的单位,拥有民事行为能力的公民、合法企业、事业单位或社会团体都可以成为其成员,但农民至少应当占成员总数的80%。而普通合伙企业只要求2个以上的自然人组成,有限合伙企业由2~50个合伙人组成,并至少应当有1个普通合伙人,国有独资公司、国有企业、上市公司和公益性事业单位、社会团体不能成为普通合伙人。

(三)出资方式不同

成员可以用货币出资,也可以用实物、知识产权等能够用货币估价并可以依法转让的非货币财产作价出资;在不改变土地用途的前提下,农民还可以用土地承包经营权出资;成员以非货币财产出资的,由全体成员评估作价;成员不得以劳务、商誉、特许经营权或者设定担保的财产等作价出资。而合伙企业的出资方式、数额和交付期限由全体合伙人书面协议确定。合伙协议生效

后,合伙人按照合伙协议的规定缴纳出资。

(四) 盈余分配制度不同

合作社经营所获得的净盈余主要按成员与合作社的交易额(量)分配,《合作社法》规定的分配比例不低于净盈余的60%。而合伙企业的利润分配则按合伙协议的约定来执行;合伙协议未约定或约定不明时,由全体合伙人协商确定;无法协商时,由合伙人按实际缴纳的出资比例分配;出资比例无法确定时,由全体合伙人平均分配。

四、与农村集体经济组织的区别

农村集体经济组织是以行政村的管辖区域为界限,以村集体所有的土地为纽带,以生活在同一辖区内享有土地承包经营权的农民为成员的集体经济组织。农村集体经济组织的权力机构是村民委员会,而合作社则没有行政区域管辖界限,是以相同性质的经济行为和共同的服务需求为纽带,以从事同类农产品生产或者同类农业生产经营服务的农民和其他自然人、法人为成员的互助性经济组织。合作社的最高权力机构是成员大会,实行民主控制、自我管理、互助共赢,政府不干预合作社内部的经营管理。此外,两者的区别还表现如下。

(一) 财产的所有权

合作社在保证生产资料个人所有的前提下,实行成员对生产资料按份共有,即成员投入生产资料的终极所有权依然归成员(表现为成员离开合作社时可带走自己名下的财产),但生产资料的控制权、管理权及使用权等已归合作社集体,同时成员对个人投入的生产资料享有收益权。而农村集体经济组织取消了成员的生产资料个人所有权,实行集体对生产资料的共同所有,并且成员对其投入集体经济组织的生产资料不享有收益权。农村集体经济组织集体财产的所有权具有不可分割性,其成员虽然都是农村

集体生产资料的所有者,但个人份额的所有权没有确定(生产资料不划归个人名下,是集体成员共同共有财产)。当成员退出时,意味着自动放弃了对集体财产的所有权,而加入农村集体经济组织时,成员便自然取得对集体财产的所有权。

(二)收益分配及责任承担方式不同

合作社按股份形式确定成员缴纳的股金在资产总额中所占的份额,成员主要按与合作社的惠顾交易量(额)获得盈余返还(《合作社法》规定该盈余返还在总盈余中不得低于60%),余下盈余可按成员投入的股金分配。在合作社的生产经营中,成员要以自己名下的股本为限承担合作社的生产经营风险,这更有利于成员关心本合作社的生产经营活动。农村集体经济组织与其成员之间一般没有惠顾交易关系,成员的收益按照其实际完成的工作量来分配。虽然资产在农村集体经济组织中属全体成员共同所有,但每个成员所拥有的份额不确定,成员对资产也不承担相应的风险,所以集体经济组织与成员的利益关系不够紧密。

(三)管理方式不同

合作社坚持基于一人一票的民主管理原则,成员有权参与合作社的各项生产经营活动与管理活动,成员享有表决权、监督权、选举权和被选举权。而农村集体经济组织的内部管理受到政府的行政控制,组织依照政府相关部门制定的政策或决策进行生产经营管理,成员很少参与组织的生产经营决策。

(四)覆盖区域不同

合作社的成员通常来自不同村庄、乡镇,甚至更大的区域范围,不受行政区域的限制,成员的选择具有广泛性和开放性特点,并且成员入社自愿、退社自由。而农村集体经济组织是以社区为基础的经济组织,其成员来自同一社区,具有封闭性特点。

五、与农业协会的区别

合作社属于企业法人,是企业组织,必须由所在地的市、区(县)工商行政管理部门登记才能设立。其成员是主要服务对象,主要提供生产经营的实际服务,即农业生产资料的购买,农产品的销售、加工、运输、贮藏以及与农业生产经营有关的技术、信息等服务。

农业协会属于社团法人,是社团组织,其登记机关是民政部门,不能随意从事经济活动(因而不承担经济负责),它是群众性、非经营性或非营利性的自律组织,主要功能是收集、分析、发布行业信息,提供咨询意见,为会员提供技术信息、市场信息等咨询服务,不从事实际经营活动,也不涉及盈余返还的问题。

第三节 组建合作社的作用

一、组织农户

合作社通过联合生产、规模经营的方式,根据市场需要和成员的能力、意愿,将分散的资金、劳动力、土地等资源进行有效整合,组织广大农民进行规模化、规范化生产经营,提高农业生产的规模化、专业化和标准化程度,实现农业增产、农民增收的目标。传统生产方式下,农民单家独户的小规模分散经营,种养面积小,造成农业生产成本高,难以获得规模经营的优势;同时农产品产量低、品质低,在日趋激烈的市场竞争中往往处于弱势。此外,单个农民进入市场,势单力薄,易受到上、下游企业或中间商的压榨和盘剥。而合作社能有效提高农民生产经营的组织化程度,解决小规模生产与提高农业生产经营效率之间的矛盾,最终实现规模效益。同时,通过统一标准,进行专业化与标准化生产,提高产品产量与品质。最后,广大农民抱团进入市

第一章 农民专业合作社发展概况

场,解决了小生产与大市场之间的矛盾,提高了农民的市场谈判能力与地位,避免了上、下游企业或中间商的抽成和盘剥。

例如,云南省云龙县××乡盛产核桃与茶叶,长期以来均是农民单家独户地生产,产品的产量及品质均难以提高。此外,广大农户的生产利润还易被中间商压榨。中间商先是哄抬价格,却收购很少或找各种理由不收购;当接近核桃与茶叶的退市期时,中间商又大幅压低收购价格。由于等着用钱投入来年的生产,广大农户不得不把积压的核桃与茶叶以极低的价格销售给他们,这给广大农户造成了极大的损失,辛勤劳作一年几乎没有什么收益。2009 年,当地 3 名生产大户牵头(大户各出资 10 万元,其余成员出资 1 000~5 000 元不等),成立了宝丰胜得种植专业合作社。合作社建盖了仓库,购买了核桃与茶叶的储藏设备,并自己到昆明、广东等地联系销售商或加工企业,绕开了中间商,保护了广大农户的利益。同时,生产中合作社还实行"五个统一":统一生产资料采购;统一搭建塑料大棚;统一购买化肥、农药、滴灌设施;统一组织技术辅导与培训,定期发放技术及市场信息资料;统一防病措施,并进行标准化生产(主要是控制农药施用量)。这些举措不但提高了核桃与茶叶的产量,还提高了其品质,从而增加了成员的收入。

二、充当市场中介

一方面,合作社是一个独立的经济主体,作为农民自己的组织带动并组织农民进入市场,直接参与市场经济活动,经济活动中代表本社农户、以集体的力量与其他市场参与者进行谈判、交易,发挥了联结广大农民与市场的中介作用,同时提高了农民的市场谈判地位和谈判能力。此外,合作社相对单个农户更有条件和能力,准确、及时地获得最新的市场信息,并能快速传达给本社农民成员,避免了农户因信息闭塞造成的盲目性生产或交易。

另一方面，农产品加工企业、批发市场也不可能直接与千家万户的农户进行交易，它们需要一个中介或桥梁与农户直接对接，避开中间环节，以降低交易费用，这个最适合的中介就是合作社。

三、服务农民

合作社为农民的农业生产提供全方位的服务：产前，组织农民集中采购农业生产资料、种子种苗和农资，可以获得批发折扣与折让优惠；产中，向农民推广先进农业生产技术，指导和培训农民将技术运用到实际生产中，可以提高生产效率；产后，向农民提供农产品加工、贮藏、保鲜、运输、销售等服务，可以延长生产经营过程，拓展农户的收入空间。总之，服务农民的目的是要降低农民的生产经营成本，提高农民的生产经营效率，提升农产品的附加值及市场竞争力，以帮助农民实现增收致富。当然，提供什么样的服务、什么时候提供服务、提供服务的水平与层次等均可由合作社全体成员民主讨论决定。

四、作为经营载体

合作社作为经营载体，将农民成员的农产品直接推向市场，减少农产品的流通环节，降低流通成本，为农民开拓销售渠道，建立完善的营销网络；并可根据市场需求变动情况适时地调整农业生产结构和生产规模；同时对交售的农产品进行质量控制检测，保证农产品的质量，通过发展品牌化经营提高农产品的市场知名度，以此扩大销售规模和提高收益水平。

第四节　合作社对农民的益处

一、降低成本

由于合作社集中了成员的资金、技术等，能够统一购买、使

第一章 农民专业合作社发展概况

用大型生产资料,如加工设备、农业机械等,降低了农民单独购买这些生产资料的购买成本和消耗成本。由合作社大量、统一采购投入性生产资料(如种苗、种畜、农药、化肥、饲料等),能获得市场批发价格(折扣或折让),降低了生产资料的采购成本;合作社能够依靠集体的力量引进、使用先进生产技术,降低单个农民提高生产技术水平的技术成本;由于降低购买生产及加工设备的购买成本和消耗成本、投入性生产资料的采购成本、技术成本,实现了农业生产的规模化经营,因而可以不同程度地降低农户成员单位农产品的生产成本,增强其产品的市场竞争力,提高农户成员的收益。此外,合作社作为市场中介,直接实现与龙头企业、公司和批发市场的对接,降低了农户成员的市场谈判、交易成本。

二、提升农民市场谈判地位

分散经营的广大农户因生产规模小、经济实力及能力弱,大多无有效的社会资源和畅通的销售渠道,也无能力及时掌握较全面的市场信息,这样在市场交易中,很难获得与交易对象平等的谈判地位。特别是在农产品供过于求的情况下,中间商往往掌握了定价权,广大农户处于受支配的地位。而合作社作为独立的一类市场主体,以企业法人的身份参与市场竞争,依法从事的所有生产经营活动都受到法律的保护。对于广大农户则可以通过组建或加入合作社,依靠集体的力量,通过规模化、标准化生产经营降低生产成本,提高产品品质,增加收益,从而不断提升实力和市场竞争力。同时,依靠集体的力量,还可获得更充分的市场信息。总之,农户组建合作社,提升了自身的实力、竞争力,抱团进入市场可获得更充分的市场信息,提高了市场营销及谈判能力,进而可提升农民的市场谈判地位,有效抵御市场各方对农民利益的侵蚀和盘剥。

三、降低交易费用

农民买卖农产品的交易费用主要包括：购买生产资料及销售产品的期间费用（如手续费、佣金、管理费用等）、产品运输费、产品的质量检验费、进入市场及搜寻合适交易对象的费用、谈判费用、签订交易合同的费用、市场信息失真或滞后导致决策失误的损失、违约及受欺诈损失、处理交易纠纷的费用等。上述各交易费用与其交易次数的乘积之和就是总的交易费用，交易费用随着交易次数的增加而增加。合作社使农民由分散购销变成集中购销，批量交易能够简化交易关系，减少交易次数，农民生产过程中的交易费用也必然减少，越多的农民参与合作，减少的交易次数就越多，降低交易费用的效果就越明显。

四、易获得政府的支持

考虑合作社在解决"三农"问题、加速农业农村现代化进程方面所具有的优势与作用，政府制定了相应的法律法规，大力扶持合作社的发展，《合作社法》中专门设立第八章"扶持政策"，为扶持合作社的发展提供政策性指导。关于政府如何支持合作社，以及合作社在设立与生产经营中能获得政府的哪些帮助，详见本书第六章——我国政府对合作社的扶持。

五、降低农户家庭经营的风险

由于农户生产高度分散且经营规模小，生产技术落后，信息闭塞，常因获取失真或滞后的市场信息导致购销决策失误，造成重大经济损失。而合作社凭借其专业性，对市场信息的把握有较强的针对性、系统性和连续性，能够相对准确地分析和判断农产品市场供求关系的发展变化及价格走向，并及时向农户传递信息，从而引导农户及时调整生产经营方针，避免盲目生产，减少

第一章　农民专业合作社发展概况

农户的经济损失，降低农户家庭经营的风险。

六、提高农民素质

合作社成立后，相关部门会组织合作社的负责人进行学习、培训、考察和参观等，有利于提高合作社负责人的管理、经营和组织能力；同时，合作社定期对其成员统一进行技术培训，农民通过培训不仅能够掌握更先进的生产、培育、种植养殖技术，还能学到农产品保鲜、储存和加工的技术，提高农民的农业生产水平。

另外，合作社实行民主管理，成员参与合作社的生产经营活动，通过成员大会拥有了监督理事会、监事会的权利，这样可以提高农民自身的企业管理、经营和组织能力。因此合作社在提高农民素质方面作用显著。

七、提高农户家庭生产经营效率，增加收入

合作社可将成员的人力、物力、土地等资源集中在一起进行规模化经营，提高生产经营效率从而拓展成员的收益空间。合作社还可将农业生产过程的各环节联结为一个完整的产业链，指导农户由分散的小生产向社会化大生产转变，由分散购销向集中购销转变，从而提高农户的家庭经营效率。合作社通过引导"大户带小户"，不断扩大农副产品的营销规模，使销售价格和数量同步提高，同时依靠集体的力量可对农副产品进行深加工，以此创造其他需求，拓展了销售市场，农户收入自然就可增加；合作社为农户提供市场信息，有助于农户针对市场需求发展多种经营和特色种植业、养殖业，使农户的收入实现多元化。

八、反映农民意愿

农民是我国最大的社会群体，由于长期以来分布分散及组织

化程度低,其意愿和利益均得不到充分表达和有效维护。而作为代表和维护成员权益的合作社,经过集中和整理广大分散的农业生产经营者的个体意愿,能及时向政府及有关部门反映农民群众的意见和建议,并为农民积极争取更多的政策,解决农民在生产经营过程中的各种问题和难题,提高政府对农业调控的针对性和有效性。从西方农业发达国家的经验来看,合作社是国家政治活动中的一支重要力量,在反映农民意愿、影响政府相关农业政策的制定方面有很强的话语权。

第二章 合作社的组建与管理

第一节 组建合作社的法定流程

确认发展合作社在经济上可行与合理后,即可按步骤组建合作社。

一、成立筹备委员会

在合作社成立之前,需要先成立筹备委员会,筹备委员会主要由发起人和相关工作人员组成。发起人一般由5~7人组成,负责成立合作社的准备工作,包括:商议并拟定合作社名称、准备成立本组织需要的文件或证明材料、确定本组织的业务项目、经营模式、预计成员人数、注册资金、生产经营计划事宜。此外还要制订筹备工作方案,具体包括合作社成立的策划、协调、宣传以及制定各项规章制度等方面的工作。

二、填写发起申请书并提交审议

将上述筹备委员会讨论研究确定的内容填入合作社发起申请书,并同时准备好申请报告。申请报告内容主要包括:成立本合作社的缘由、本社宗旨、商议并拟定合作社名称、业务范围、经营模式、内设机构和下属组织等。发起申请书填好后应提交相关主管部门审议,申请批准组建合作社。主管部门审议的目的主要是确认成立合作社是否合法、是否符合当地的相关文件要求、成立合作社在经济上是否具有合理性和可行性,这一工作有利于主

农民专业合作社带头人手册

管部门与筹备委员会之间加强联系,便于业务指导和监督管理。主管部门接到合作社筹备委员会递交的申请书后,应认真审议,符合基本条件的应及时下达同意组建的批复。

三、制定合作社章程

合作社的章程是合作社自治特征的重要体现,是合作社在法律法规和国家政策规定的框架内,由本社的全体成员根据本社的特点和发展目标制定的,并由全体成员共同遵守的行为准则。具体来说,合作社章程就是协调合作社内部关系,规范合作社开展农业生产经营活动和办事流程等的制度性文件(对于合作社的一切重要事项,都应当由全体成员民主协商后规定在章程之中)。章程是合作社的宪章,由全体成员共同参与、民主协商决定,体现了全体成员的共同意志,是合作社一切生产经营行为的最高行动指南。合作社的章程由全体设立人制定并一致通过,所有加入该合作社的成员都必须承认并遵守。

筹备委员会接到主管部门准予组建的批复公文后,应及时召开筹备委员会会议,参照《示范章程》拟订本组织章程及业务计划草案,并及时推荐理事会、监事会候选人名单,公布成立合作社的消息,按筹备委员会商议的条件吸纳会员。注意要按《合作社法》的要求吸纳足够数量的农民成员参加理事会和监事会。

合作社章程应当载明的事项包括如下几方面。
(1)合作社的名称和住所。
(2)业务范围。
(3)成员资格及入社、退社和除名规定。
(4)成员的权利和义务。
(5)组织机构及其产生办法、职权、任期、议事规则。
(6)成员的出资方式、出资额。

(7) 财务管理和盈余分配、亏损处理。
(8) 章程修改程序。
(9) 解散事由和清算办法。
(10) 公告事项及发布方式。
(11) 除上述内容外，筹备委员会认为重要的、需要规定的其他事项。

章程需要对合作社如何设立、重大事项如何决议（含决议的方法及程序等）、设立后如何生产经营、如何实现民主管理、如何监督、如何分配收益等进行规定，这样可以在出现问题后有章可循，有法可依。当然，针对具体的某一个合作社，其章程的内容可能因该合作社的规模、经营业务、所在行业、产品及所处地区等不同而有所差异。合作社在参照《示范章程》制定社章时，应从本社实际出发，具体问题具体分析，因地制宜地制定出能调动广大成员参与合作社的生产经营与管理的积极性、有利于合作社不断提高生产经营效率、适合本合作社的发展，进而能增加成员收入的合作社章程。需要注意的是，章程制定完成并通过成员大会审议通过后，并不意味着其在合作社的存续期内一成不变，章程需要在合作社的实践过程中，依据现实情况不断修改（但要注意保持制度的连贯性），这样才可以不断完善合作社的制度安排，提高合作社的生产经营效率。对于合作社的全体成员，不论是管理者还是普通成员，在合作社的一切生产经营活动中，章程对每个成员均有约束力，"章程面前，人人平等"。

四、召开设立大会

设立大会是合作社未成立时设立人的议事机构。成立合作社应当召开由全体设立人参加的设立大会，设立时自愿成为合作社成员的人为设立人。设立大会主要行使以下几项职权：一是审议、讨论并通过本社社章，正式社章应当由全体设立人一致通过；二是选举合作社的领导人，包括理事长、副理事长、理事、监事、监事长或执行监事；三是审议其他重大事项，即其他需要研究的重大事项，例如，如何组织成员进行生产经营、如何管理合作社、收益如何分配、如何让合作社能健康、可持续地发展等问题。会议结束时要形成会议纪要，并需全体设立人签字确认。

待各项筹备工作任务完成后，可请当地主管部门派员出席指导。合作社成立大会应于召开前7日通知全体设立人出席参加。

设立大会一般包括如下议程。

（1）主持人宣布加入本合作社成员的名单、人数、代表人数。全体设立人（或代表）到齐后即可宣布设立大会开始。

（2）筹备委员会发起人汇报筹备工作情况。

（3）主管机关负责人宣布本合作社成立的批复。

（4）宣读章程草案，并请讨论后表决通过。

（5）提出理事会、监事会候选人名单，并进行选举。

（6）宣布选举结果，公布理事、理事长、监事长等人的名单。

（7）通过本社各项管理运行机构及其负责人，制定相关规章制度和工作规则。

（8）通过其他重要事项。

（9）党政领导和有关社会各界代表讲话。

（10）宣布设立大会结束。具体议程也可根据待成立合作社的实际情况进行增加或删减。

五、成立办事机构

根据《合作社法》的规定，合作社应召开成员大会选举产生理事长或理事会、执行监事或监事会成员。成员大会与理事长分别为必设机构与必设职位，其他机构或职位可依合作社的具体情

第二章　合作社的组建与管理

况来决定是否设置。理事长确定后，一般由理事长来主持常务理事工作会议，其他成员协助，共同研究成立合作社办事机构和开展生产经营的相关事宜。业务量大的合作社可由理事长聘任经理，具体负责合作社的日常生产经营，业务量小的合作社，可由理事长直接兼任经理。

六、申请登记

申请登记，即向市场监督管理部门申请批准成立并登记，以获取法人营业执照。申请批准成立需要符合如下条件。

（1）有5名以上符合《合作社法》要求的成员。

（2）有符合本法规定的章程。

（3）有符合本法规定的组织机构。

（4）有符合法律、行政法规规定的名称和章程确定的住所。

（5）有符合章程规定的成员出资。符合条件的，登记机关应当自受理登记申请之日起20日内办理完毕，向符合登记条件的申请者颁发营业执照，营业执照的签发日期为合作社的成立日期。办理登记不得收取任何费用。

合作社的登记事项包括如下几点。

（1）名称（名称应当含有"专业合作社"字样，并符合国家有关企业名称登记管理的规定）。

（2）住所（合作社的住所是其主要办事机构所在地）。

（3）成员出资总额（合作社成员可以用货币出资，也可以用实物、知识产权等能够用货币估价或可以依法转让的非货币财产作价出资。成员以非货币财产出资的，由全体成员评估作价。成员不得以劳务、信用、自然人姓名、商誉、特许经营权或者设定担保的财产等作价出资。成员的出资额以及出资总额应当以人民币表示。成员出资额之和为成员出资总额）。

（4）业务范围（合作社以其成员为主要服务对象，业务范围

农民专业合作社带头人手册

可以有农业生产资料购买，农产品销售、加工、运输、贮藏以及与农业生产经营有关的技术、信息等服务）。

（5）法定代表人姓名（合作社理事长为合作社的法定代表人）。

依法登记是合作社开展生产经营活动并获得法律保护的重要依据。合作社的设立人申请登记时应当向登记机关（市场监督管理局）提供如下文件和资料。

（1）合作社法定代表人登记申请书（工商登记窗口有格式化登记申请书，可当场索取填写）。

（2）全体设立人签名、盖章（团体成员）的设立大会纪要。

（3）全体设立人签名、盖章（团体成员）的章程。

（4）法定代表人、理事的任职文书（全体设立人签字认可）及身份证明。

（5）全体出资成员签名盖章的出资清单（出资应明确具体是人民币出资还是以土地、房屋、技术等折价出资。出资清单只要有出资成员签字或盖章即可，无须其他机构的验资证明）。

（6）全体成员的身份证复印件（农民可提交户口本复印件，非农民提交身份证复印件，企业或其他经济实体单位成员提交营业执照复印件）。

（7）住所使用证明。合作社以成员自有场所作为住所，应当提交该社有权使用的证明和场所的产权证明，租用他人场所应当提交租赁协议和场所产权证明，如农村房屋没有产权证明的，可由村委会出具证明。

（8）法定代表人签署的成员名册、指定代表或委托代理人证明及名称、预先核准通知书等，工商登记部门均有空白表格直接填写即可。

（9）登记前置许可文件。主要是特定的行业业务范围涉及前置许可的须提交，如棉花加工，须发改部门颁发的棉花加工许

第二章 合作社的组建与管理

可证。

合作社的业务范围属于法律、行政法规或者国务院规定在登记前须经批准的项目的，应当提交有关批准文件。合作社章程含有违反《合作社法》以及有关法律、行政法规规定内容的，登记机关应当要求合作社做相应修改。合作社法定登记事项变更的，应当申请变更登记。

合作社经依法登记后，法人代表应将合作社营业执照复印件及相关材料（合作社简介、章程、会议纪要、理事任职文件、法人代表任职文件、监事任职文件、出资清单、租房协议、成员联系电话）报县（市）农民专业合作社指导站（设在县或市农经管理站或管理中心）备案，并登录全国农民专业合作经济组织网办理其他相关证明文件。

组织机构代码证：法人代表（理事长）持工商营业执照及法人代表身份证到质量技术监督局组织机构代码证受理窗口办理。

税务登记：法人代表（理事长）持工商营业执照、组织机构代码证及法人代表身份证到县（市）税务局办税服务大厅办理。

银行开户许可证：法人代表（理事长）持工商营业执照、税务登记证、组织机构代码证（原件和复印件）及公章、法人章、财务章、法人代表身份证和准备开户所在银行（信用社）申请书到当地人民银行办理。

第二节 合作社创建的主要模式

一、"能人"牵头创建型

"能人"是对掌握一定资金、技术、经营信息、社会关系，具有农业生产组织能力和经济实力，进行规模化或专业化生产经营农户的概括性称呼，即通常意义上的"乡村精英"。主要包括专业技术生产人员、较大规模的专业经营大户以及具有经营管理能力和威望的乡村干部。他们在当地往往专门从事农业生产资料购销，或某类农产品生产、销售，提供市场需求信息或进行生产技术指导等，由他们联合从事同类农业生产经营的农民自愿参与并组建的专业合作社就称为"能人"牵头型合作社。

二、政府牵头创建型

政府拥有政策、技术、设备、信息等资源优势的同时，还具有产业振兴、生产协调、技术指导、市场信息咨询服务、组织动员群众等职能，因而在协调、引导、整合资源及维护各方合法权益方面起着关键性的作用。这些资源优势和职能正是政府创建合作社的物质和管理基础。政府牵头创建型合作社是结合当地基本农业生产情况，由当地乡（镇）政府利用其资源优势，牵头组织当地农民围绕某一农业生产领域创办的合作社。在此种模式下，政府协助合作社引导农民把握农业结构调整方向以及市场信息动态，遵循自然规律和市场经济规律改进农民生产经营方式，提高生产技术，增加农副产品的科技含量，优化本土农业经济结构，促进农民稳定增收。

三、龙头企业牵头创建型

龙头企业在此特指规模较大、经济效益好、带动能力强、具有市场竞争力的农产品加工和流通企业。

龙头企业牵头创建型合作社就是以契约合作关系和共同利益为纽带，农户在龙头企业的扶持下自愿组建的并在企业的带动下进行规范化、专业化农业生产的合作社，形成"龙头企业+合作社+农户"的农业生产经营模式。龙头企业牵头创建合作社大多是为了稳定初级农产品的供应量与农产品的质量。

第二章　合作社的组建与管理

在此模式运行中,根据合同契约规定龙头企业和合作社双方的权利与义务,合作社作为中介并与农户结成利益共同体。通常,农户负责生产,合作社(有时也可能是龙头企业)则向农户成员提供优质农业生产资料、先进技术、技术培训等产前、产中服务,并与龙头企业商议制定合理销售价格,集中统一收购农户的初级农产品,最终由龙头企业将农产品加工后推向市场。在"龙头企业+合作社+农户"的生产经营模式中双方优势互补,龙头企业具有技术、资金、人力及市场营销等优势,具备完善的产品生产、加工、销售机制,市场竞争力强;而合作社具有动员、组织和管理大量分散农户的能力,为龙头企业降低了生产链上游的人力管理成本,同时龙头企业的管理、技术、营销等要素通过合作社延伸到农户的生产过程中,提高了农户家庭的生产经营效率。

四、基层组织牵头创建型

农村基层组织包括设在乡镇(办事处)和村一级的各种组织,主要指村级组织,包括基层政权、基层党组织和其他组织三个方面,即村民委员会、村党组织、基层部门等。农村基层组织通过行使动员、组织农民群众的职能,将普通农民群众以利益为纽带组织起来,帮助引导农民从以个体劳动为主的分散小农生产方式向相互帮助、依存,集中劳动和资金共同创造财富的规模化经营方式转变。基层组织创建型合作社正是由村民委员会、村党组织、基层部门挖掘和运用其资源和优势,以维护农民的合法权益为宗旨组织农民围绕当地特色农业进行生产经营而创办的专业合作社。

五、供销社牵头创建型

由于广大中、小农户创办合作社时面临着资金、技术匮乏,人力及社会资源不足，市场信息掌握有限，农业规模化经营能力低等问题，而长期活跃于广大农村供、销市场的供销社却拥有上述各方面的优势，因此可以通过整合供销社的资金、人力、农资、信息及供销网络资源，由供销社牵头领办合作社，使二者实现互利共赢。供销社牵头创建型合作社，即合作社依托供销社，并遵循合作制原则，由供销社与当地农户共同出资入股或共同投入人力、信息及供销网络等资源组建合作社。合作社为成员提供农业生产资料、生产技术、产品销售等服务，成员按交易额（量）和入股额度享受盈余分配，共享收益、共担风险。合作社在供销社的领办下，能有效利用供销社的丰富资源，带动农户生产经营，实现增收致富；而供销社也能在新形势下得到发展，充分发挥服务"三农"的作用。供销社拥有资金、社会关系和市场销售网络上的优势，领办合作社主要是为了寻求自身体制改革的出路，既有经济利益上的追求。

第三节　合作社组织制度

一、合作社组织的两大类型

（一）合作社

对于合作社，我们较熟悉。它是指合作社主要从事经济、金融、社会的单项事业，比如谷物合作社、供销合作社、信用合作社、消费合作社，等等。

一般地，在北美、西欧等发达国家农村中成立的是各种形式的合作社。其社会经济基础表现如下。

第一，农业生产的专业化。一个农场（家）一般只种植一种农作物或养殖一种家畜（禽），如玉米农场、养牛场等等。

第二，耕地经营的规模化。如美国家庭农场平均耕地经营面

第二章 合作社的组建与管理

积多达 $80hm^2$（80 万 m^2），西欧家庭农场平均耕地经营面积也达 40 多 hm^2（40 多万 m^2）。

第三，分工协作的社会化。如农业产前、产中、产后的各种生产经营活动发展成为独立的生产服务行业。

欧美国家的农场（家）主一般加入多个合作社，而不是只加入一个合作社。这是因为，只有这样，他们才能维护、提高自身的经济、文化、社会的利益和地位。

（二）合作社联合社

合作社联合社（以下简称"联合社"）由 3 个以上的合作社在自愿的基础上出资设立，是合作社发展到一定阶段的产物，也是我国农民合作组织的重要类型，是未来提升合作社发展质量，实现合作社可持续发展的重要组织形式。农业农村部 2020 年发布的《新型农业经营主体和服务主体高质量发展规划（2020—2022 年）》中强调，支持合作社依法自愿组建联合社，扩大合作规模，培育发展联合社，提高合作层次，增强市场话语权和抗风险能力。

设立合作社联合社，必须严格依照《中华人民共和国农民专业合作社法》的相关规定进行。这包括准备必要的设立文件，如联合社的章程、成员名单、出资证明等，并向当地工商行政管理部门提交申请，进行登记注册。一旦登记成功，联合社即可取得法人资格，领取营业执照，从而具备独立的法律地位，能够以自己的名义开展业务活动，承担法律责任。

二、合作社的目的与设立

（一）合作社的目的和手段

农民自发地成立合作社的目的就是通过合作社，为成员提供资金、技术、流通、信息等服务，发展家庭承包农业的生产力，扩大成员所生产农产品的销售，维护并提高成员的经济、文化、

农民专业合作社带头人手册

社会利益和地位。

合作社要达到上述目的,手段就是努力实现"两低一高"。"两低",是成员通过合作社按低价购买农用生产资料和农村日用品,并按低利率得到贷款。"一高",是成员通过合作社高价出售农产品。假定其他条件不变,由于"两低",所以农产品成本降低了,从而相应地提高了农产品的销售价,增大了成员的收益。"两低一高",单个农民根本办不到。所以,除"两低一高"外,任何指标对农民成员都没有经济意义。"两低一高"是评价合作社的成立是否成功的唯一指标。

(二) 合作社的设立

合作社的设立,实行登记制,即欲设立合作社,必须在国家市场监督管理部门登记注册,取得企业法人资格和营业执照。设立农村资金互助社须取得中国银保监会颁发的金融许可证。

按照登记制的规定,农民欲设立合作社,须由本地区内具备成员资格的若干人(合作社 5 人以上,农村资金互助社 10 人以上)为发起人,制定章程,并经设立大会通过,办理登记,即成立。

(三) 合作社的章程

按照法律规定,合作社章程应当载明下列事项。

(1) 名称和住所。
(2) 业务范围。
(3) 成员资格及入社、退社和除名。
(4) 成员的权利和义务。
(5) 组织机构及其产生办法、职权、任期和议事规则。
(6) 成员的出资方式、出资额。
(7) 财务管理和盈余分配、亏损处理。
(8) 章程修改程序。
(9) 解散事由和清算办法。

(10) 公告事项及发布方式。
(11) 需要规定的其他事项。
章程应体现本合作社的个性。

三、合作社的领导与职员

（一）合作社领导

合作社领导，是指合作社的理事长、理事和监事。合作社领导由成员大会从本社成员中选举产生，对成员大会负责。领导资格、任期等由章程规定。合作社领导责任，分为民事责任和刑事责任。民事责任包括领导对合作社的民事责任和对第三者的民事责任。比如，因制作假决算报告而给合作社带来损失时，领导负有连带的赔偿损失的责任。又如，因故意或过失而给第三者造成损失时，领导负有连带的赔偿损失的责任。刑事责任是指领导违反法律时受到相应的法律制裁。

（二）合作社职员

合作社职员是被合作社雇佣，不是由成员大会选出的。这是职员与领导的最大区别。合作社雇用职员的目的在于发挥他们的专业特长，提高合作社的经营收益。合作社规模越大，越需要优秀的职员。职员有权建立工会组织，以维护自身利益。职员不得兼任本社的领导、成员代表，且未经本社许可不得经商。

四、合作社的合并、分立、解散和清算

（一）合作社合并

合作社合并，是指两个（含两个）以上合作社依法定程序和契约未经清算合为一个合作社。其意义在于，有利于节约事业经费，有利于取得规模效益。

合作社合并方式分为吸纳合并和成立合并。吸纳合并，是指

合并以前的一个合作社继续存在而其他合作社则消失，此时，继续存在的合作社需要修订章程，而消失的合作社则解散。成立合并，是指合并的各合作社均解散而成立一个新的合作社，此时，新成立的合作社需要制定章程。

（二）合作社分立

合作社分立，是指一个合作社依法定程序分为两个以上（含两个）合作社。

合作社分立方式分为新生方式和派生方式。新生方式，是指一个合作社分为两个以上（含两个）新的合作社，此时，原合作社解散，而新生合作社需要各自办理设立登记。派生方式，是指由一个合作社派生出一个以上新的合作社，此时，派生出的新合作社需要办理设立登记。

（三）合作社解散

合作社解散，是指合作社失去法人资格。解散须经成员大会决议。合作社解散的主要事由有如下方面。

（1）发生了章程规定解散的事由。

（2）合作社合并、分立。

（3）政府有关部门取消了合作社的设立认可。

（四）合作社清算

合作社清算，是指对解散的合作社财产的处分。合作社合并、分立时没有清算程序。除破产外，财产清算人由合作社成员大会指定。

合作社清算程序为：清算人首先终结合作社的业务活动，调查财产状况，制定财产处分方案和债务清算方案，制作结算报告，并经成员大会决议。清算结束后，清算人须在主事务所所在地办理清算终结的登记，并通报政府主管行政部门。

上述的合作社和农民综合合作社，一般都在其内部设置若干

第二章 合作社的组建与管理

个合作小组,以便加强成员与合作社之间的沟通和协作。合作社规模越大,合作小组的成立越显得必要。

第四节 合作社管理结构

一、合作社成员大会

(一)成员大会的职权

成员大会行使下列职权。
(1)修改章程。
(2)选举和罢免理事长、理事、执行监事或监事会成员。
(3)决定重大财产处置、对外投资、对外担保和生产经营活动中的其他重大事项。
(4)批准年度业务报告、盈余分配方案和亏损处理方案。
(5)对合并、分立、解散作出决议。
(6)决定聘用经营管理人员和专业技术人员的数量、资格和任期。
(7)听取理事长或理事会关于成员变动情况的报告。
(8)章程规定的其他职权。

(二)成员大会的其他若干规定

合作社召开成员大会,出席人应达到成员总数的 2/3 以上。

成员大会选举或作出决议,应由本社成员表决权总数过半数通过;作出修改章程或合并、分立、解散的决议应由本社成员表决权总数的 2/3 以上通过。章程对表决权数有较高规定的,从其规定。

成员大会每年至少召开一次,且会议的召集由章程规定。有下列情形之一的,应在 20 日内召开临时成员大会:由 30%以上的成员提议,由执行监事或监事会提议,章程规定的其他情形。

合作社成员超过 150 人的,可按章程规定设立成员代表大会。成员代表大会按照章程规定可以行使成员大会的部分或全部职权。

成员大会通过决议须有记录本,记载议事过程和议事结果。记录本须备置在主办公地点,供成员随时查阅。

二、合作社理事会

(一) 理事会的意义

理事会是为了执行合作社事业的业务而设立的。理事会属于成员大会决议的执行机关。理事会不是个人的专断机构,而是若干理事智力的集合体。这既有利于监督合作社理事长的个人行为,也有利于合作社的民主管理。

(二) 理事会的责任

理事会最基本的义务是保护成员财产,代表成员利益。理事会负有合作社长期发展的责任。理事会确定事业执行基准,并测定事业成果。其成果未达到基准时,须采取事后对策。

理事会雇佣并监督经理,所以聘用优秀的经理是理事会最主要的任务。

理事会应努力做到如下几点。

(1) 要求理事积极参与理事会议,并提出问题。

(2) 使参与会议的理事做好发言准备,如事先阅读来自经理的资料、新闻报道等。

(3) 理事应接受旨在作出正确决议的教育训练。

(4) 选出理事会主持人。

(5) 聘任经理,并使他遵守合作社章程。

(6) 不监督经理的细小行为,保障他在理事会指定范围内执行业务。

(7) 不谋求合作社给予优惠,对与自身有关事项不予投票。

(8) 赞成多数成员意见。

(9) 增大资本,监督偿还负债。运用成员股金,努力做到每年按事业利用额和股金分红。

(10) 选定金融机构和会计检查机构。

(11) 除名不负责任的理事。

(12) 记录所有的理事会议。

(13) 制定合作社发展的长远规划。

(14) 最大限度地利用合作社,做好合作社预算。

理事会责任重大,积极而有能力的理事会是合作社成功运营的关键。因此,理事须具备下列素质。

(1) 高效的事业判断力。

(2) 独立性思考和批判性质疑。

(3) 尊重成员。

(4) 诚实。

(5) 优良的职业道德,如与他人和谐相处、履行契约、有效率的时间管理。

(6) 丰富的合作社知识。

(三) 理事会的职权

按照法律规定,理事会一般由理事长主持,可就下列事项做出决定。

(1) 审查成员资格。

(2) 运用积累金。

(3) 确定借入金上限。

(4) 确定事业经费额度和缴纳办法。

(5) 变更事业计划和收支预算中的一般事项。

(6) 聘任职员。

(7) 用于业务的不动产取得和处分。

(8) 制定、修订、废止业务规章。

（9）确定合作社经营方针。

（10）受成员大会委托的事项。

（11）理事长或多数理事认为必要的事项。

理事会会议须有记录，记载议事过程和议事结果。记录本须备置在主办公地点，供成员查阅。

理事长或理事会，可以按照成员大会的决定聘任经理和财务会计人员。理事长或理事可兼任经理。

三、合作社监事会

（一）监事会的意义

监事会是专门检查合作社财产和业务的独立机构。它直接向成员大会负责。认为必要时，监事会可随时检查合作社的财产或业务执行情况。

（二）监事会的职权

监事会的职权包括如下。

（1）对财产和业务的检查权。

（2）反映不当行为的报告权。

（3）列席理事会陈述意见权。

（4）特殊情形下的理事长代表权。

（5）临时成员大会的主持权。

（6）中止领导人职务的请求权。

理事长、理事、监事和管理人员不得有下列行为。

（1）侵占、挪用或私分本社资产。

（2）违反章程规定或未经成员大会同意，将本社资金供给他人或以本社资产为他人提供担保。

（3）接受他人与本社交易的佣金归为自己。

（4）从事损害本社经济利益的其他活动。

理事长、理事、监事和管理人员违反上述规定所得的收入，

第二章 合作社的组建与管理

归本社所有;给本社造成损失的,应承担赔偿责任。

四、合作社经理

(一)经理的意义

经理是由理事会聘请的经营管理专家,负责处理合作社的日常业务。合作社的盈亏与经理的经营管理水平有着直接关系。经理的聘请是理事会最重要的决议事项。经理直接对理事会负责。

(二)经理的责任

如前所述,理事会聘请经理。为了实现合作社的目的,经理全权负责执行日常业务。经理按部门设定事业,并为达到理事会确定的战略目标而设定具体的、特定的实行目标。

经理最主要的任务是雇佣并监督合作社的职员,教育职员理解合作社的目的,并使他们采取有效措施实现该目的。这是一项困难且费时的任务。合作社经营较公司制企业经营复杂而困难。比如,公司制企业经营以追求股东利益的最大化为目的,即股东利益越大越好。然而,合作社的经营利益最大化并不是唯一的目的。成员要求合作社持续发展,以满足自身的不同需求。成员更关心自家的农业收益。成员往往认为合作社利益的最大化和自身农业收益的最大化相矛盾。由于这些原因,准确判断合作社事业的成功与否是很难的。因此,经理及理事会难以制定合作社发展的长期规划。

一般地,经理和理事会之间的关系是否协调,是评价合作社运营是否成功的重要指标。这两者的协调关系决定于明确的责任划分,详见表2-1。

农民专业合作社带头人手册

表 2-1 理事会和经理的责任划分

理事会	经理
意见	行动
（1）合作社战略目标设定 （2）长期战略制定 （3）为长期发展的人力开发 （4）对经理的监督	（1）达到战略目标的具体方案设定 （2）短期计划制定 （3）与业务关联的实用教育 （4）对职员业绩进行评价

（三）经理的职权

经理的职权包括如下。

（1）主持合作社的生产经营管理工作，组织实施理事会决议。

（2）组织实施合作社年度经营计划和投资方案。

（3）拟定合作社内部管理机构设置方案。

（4）拟定合作社的基本经营管理制度。

（5）制定公司的具体规章。

（6）提请聘任或解聘合作社副经理、财会人员。

（7）聘任或解聘除由理事会聘任或解聘外的负责人。

（8）由合作社章程和理事会授予的其他职权。

经理可以列席理事会会议，并陈述自己的意见。应引导合作社聘请职业经理人。

以上成员大会、理事会、监事会和经理是合作社必须建立健全的内部管理组织。此外，合作社还应建立"经营咨询会"，它由专家学者、合作社领导和成员代表组成。其目的在于，借助专家优势，不断完善合作社的经营管理。

第三章 合作社带头人的核心素养

第一节 合作社带头人的基本素质要求

合作社带头人是合作社发展的核心人物,其素质和能力直接关系到合作社的运营效率、成员利益保障和可持续发展。要胜任这一角色,带头人需要具备以下基本素质。

一、强烈的责任感和使命感

(一)责任感

带头人需要始终以合作社成员的利益为出发点,深刻理解自己在合作社中的关键角色,不仅要对合作社的日常运作负责,更要对成员的经济收益和合作社的长期发展负责。责任感意味着带头人需要在每一个决策中都充分考虑到合作社成员的需求和期望,确保合作社的运行符合共同利益。例如,在合作社遇到市场价格波动时,带头人应快速评估风险,调整产品的销售策略,避免因价格波动给成员带来经济损失。此外,带头人还需要具备处理内部事务的能力,如解决成员之间的分歧,维护合作社内部的稳定和和谐。面对外部压力,如政策调整或市场竞争加剧,带头人需要展现出坚定的担当精神,不回避问题、不推卸责任,积极采取应对措施,确保合作社的稳定运行和成员的利益不受损害。

他们应当意识到，自己的责任不仅在于解决眼前的问题，更在于为合作社的长期发展奠定坚实基础，这包括加强合作社内部的管理制度、优化生产流程以及提高成员的参与感和满意度。

（二）使命感

带头人应有带领合作社持续发展的愿景和使命，认识到自己肩负的不仅是经济责任，还有对农业农村现代化和乡村振兴的贡献责任。使命感要求带头人不仅满足于当前的经济效益，而是要在更广阔的视野下审视合作社的发展方向，制定能够适应现代农业需求的长远战略规划。例如，在农业生产过程中，带头人需要积极引进先进技术，如智能农业设备、精准种植技术等，帮助合作社提高生产效率、降低成本，从而增强合作社在市场中的竞争力。同时，带头人需要注重合作社的可持续发展，尤其是在资源管理、生态保护和社会责任方面有所作为。例如，带头人可以推动绿色农业的实践，通过减少化肥、农药的使用，提升产品品质，打造生态友好型合作社品牌，为合作社赢得更大的市场份额。使命感还体现在带头人对乡村振兴目标的推进上。例如，通过合作社的发展带动周边农民就业，提高农村地区的收入水平，提高农民生活质量。此外，带头人还需要主动与政府、科研机构和企业建立联系，寻求资源支持和技术合作，为合作社的未来发展创造更多可能性。他们需要在经济效益和社会效益之间找到平衡，确保合作社在实现自身发展的同时，也为推动乡村全面振兴和农业农村现代化作出贡献。使命感使带头人不仅关注眼前利益，更注重长远目标，为合作社成员创造持续向好的发展条件。

二、较强的领导能力

（一）决策能力

合作社带头人必须具备全局观念和前瞻性思维，能够在纷繁复杂的环境中看清合作社的发展方向，并根据市场变化和合作社

第三章 合作社带头人的核心素养

需求做出科学合理的决策。决策能力要求带头人不仅关注眼前的利益,还要在全局视角下把握合作社的核心目标和发展路径。例如,在选择合作项目时,带头人需要全面评估项目的市场潜力,包括需求规模、竞争环境和利润空间,同时还需结合当前的政策导向和合作社成员的实际需求,确保决策符合长远利益。此外,在制定投资计划时,带头人需要有清晰的风险管理意识,科学分析投资可能带来的收益与风险,通过详细的可行性研究和多方论证,最大限度地降低决策失误的可能性。尤其是在面对外部环境变化,如农业政策调整或市场行情波动时,带头人应能够迅速作出调整,制定应对方案,避免因决策滞后而导致合作社运营受损。他们还需要在决策过程中充分听取成员的意见,通过民主参与和信息透明化,提升成员对决策的认同感和执行力,从而确保决策的科学性和精准性。

(二)团队管理能力

合作社的成功离不开团队的团结协作。带头人需要善于协调成员之间的关系,化解矛盾与分歧,激励成员积极参与合作社事务。团队管理能力不仅要求带头人具备优秀的人际沟通技巧,还需要有充分的组织协调能力。例如,在生产和销售过程中,带头人应能够根据成员的能力和资源状况合理分配任务,确保每个成员都能发挥其特长,从而提升整体工作效率。同时,带头人需要在日常运营中建立规范的工作流程和明确的分工机制,确保各个环节顺畅衔接,避免因职责不清或管理混乱而影响合作社的运行。为了激发成员的积极性,带头人还应设计有效的激励机制,例如,通过公平透明的收益分配、表彰优秀成员、开展技能培训等方式,增强成员的参与感和归属感。此外,带头人需要在团队中营造和谐的氛围,善于倾听成员的意见,及时解决成员之间的矛盾,避免内耗。通过建立互信和协作的团队文化,带头人能够增强合作社的凝聚力和战斗力,为合作社的长期发展打下坚实基础。

三、扎实的专业知识

(一) 农业知识

农业是合作社的核心领域，带头人需要具备全面、深入的农业知识，以引领合作社在现代农业中不断发展。这要求带头人熟悉农业生产的基本技术，包括种植、养殖、农田管理等各个环节，同时对不同作物的生长特性、病虫害防治措施、土壤改良方法等有深入的了解。此外，带头人还需要掌握作物管理的方法，包括合理规划种植周期、优化资源利用和提高土地生产力。例如，在面对恶劣天气或病虫害暴发时，带头人应能够迅速采取措施，如调整播种时间或引入防控技术，以减少损失并保证稳定的产量。带头人还需密切关注市场需求，及时调整生产结构以适应消费者的偏好，避免盲目种植导致滞销。随着农业科技的快速发展，带头人需要主动学习并掌握先进的农业科技手段，例如农业机械化、精准农业技术和智能化管理系统等。这些技术不仅能够大幅提高生产效率，还能优化农业资源的利用，降低成本。例如，通过应用现代农业机械，合作社可以实现规模化生产，减少劳动力投入；而绿色种植技术则能够在保证高产的同时降低环境负担，提升产品的附加值和市场竞争力。带头人需要有一定的技术储备，积极引入并推广这些创新手段，帮助合作社走在行业的前沿，为成员创造更多的经济效益。

(二) 财务与管理知识

合作社的运营离不开科学的管理和财务规划，带头人因此需要具备财务管理、法律法规和组织管理等方面的基本知识，以确保合作社的日常运作合法、透明、高效。首先，带头人应熟悉合作社的财务流程，包括编制预算、成本核算、账目管理和收益分配等。例如，在制定年度预算时，带头人需要根据合作社的生产计划和市场预期，合理分配资金，避免浪费和资金短缺。同时，

第三章 合作社带头人的核心素养

在收益分配过程中,带头人需要坚持公开、公平和透明的原则,确保所有成员的利益得到保障,避免内部矛盾。此外,带头人还需要熟悉相关法律法规,确保合作社在经营活动中符合法律要求,规避可能的法律风险。例如,在签订合同、土地流转或税务申报时,带头人需要对相关政策有充分的了解,以确保操作合规。对于合作社的内部管理,带头人需要建立健全的制度。例如,成员准入和退出机制、会议决策流程和监督机制等,通过明确规则和职责分工提升合作社的运行效率。与此同时,带头人还需对外部法律环境有深入理解,能够有效应对政策变化并利用相关支持政策,例如,申请政府补贴或参与农业项目扶持计划,从而为合作社争取更多的发展资源。通过掌握这些管理和财务知识,带头人能够推动合作社实现高效、可持续的发展。

四、市场敏锐度与创新意识

(一)市场敏锐度

带头人需要具备敏锐的市场洞察力,能够快速捕捉市场动态并分析消费需求的变化,以便及时调整合作社的经营策略,抓住潜在的发展机遇。市场敏锐度要求带头人对农产品的供需关系、市场竞争格局以及消费者的购买行为有清晰的认知。例如,在产品定价上,带头人应根据产品的生产成本、市场行情和消费者的支付意愿制定合理价格,既要保证成员的利益,又要具备竞争力。在渠道选择方面,带头人需要评估不同销售渠道的成本与收益,例如,本地集市、批发市场、大型超市、电商平台等,并选择最适合合作社产品特性的渠道,以实现销量和利润的最大化。品牌推广也是带头人需要重点关注的领域,他们需要灵活运用市场应对能力,通过营销策略提升合作社产品的市场知名度。例如,通过参加展会、利用社交媒体宣传、开展促销活动等方式,扩大产品的市场占有率。同时,带头人还应对市场潜在风险保持警惕，制定相应的应对措施，例如在市场价格波动时及时调整种植或生产计划，以确保合作社的可持续发展。

（二）创新意识

在日益激烈的市场竞争中，合作社的生存与发展离不开持续的创新。带头人应具备创新意识，主动探索新的经营模式和技术应用，为合作社注入活力和竞争优势。在经营模式方面，带头人可以结合当地的资源特点和市场需求，设计独特的合作模式，例如，开发集农业生产、加工和观光体验于一体的综合农业项目，通过延伸产业链提升合作社的附加值。在产品开发方面，带头人需要关注市场需求的多样性，研发具有差异化和竞争力的产品。例如，可以打造区域特色品牌，突出产品的独特性，吸引特定消费群体；也可以开发有机、绿色或高端农产品，以迎合市场对健康食品的需求。

同时，带头人应关注现代科技在农业领域的应用，将创新技术引入合作社的生产和经营活动中。例如，通过引入电子商务平台，合作社可以突破传统销售模式的地域限制，将产品销往更广泛的市场，并通过精准营销技术分析消费者偏好，优化产品策略。此外，带头人还可以利用物联网技术实现生产的智能化和管理的高效化。例如，应用环境监测传感器提高种植精度，或通过区块链技术提升农产品的溯源能力，增强消费者信任感。创新意识不仅要求带头人具有敏锐的观察力，还需具备一定的风险承担能力和执行力，敢于尝试新事物，推动合作社在市场竞争中实现差异化发展，为合作社的持续壮大奠定坚实基础。

五、良好的沟通与协调能力

（一）成员沟通

合作社的管理和运营离不开成员的支持和参与。带头人作为合作社的核心领导者，需要具备良好的沟通技巧，以确保成员对

第三章 合作社带头人的核心素养

合作社目标、政策和决策的认同与支持。有效的成员沟通可以增强合作社的凝聚力，提升成员对集体利益的共同理解和追求。例如，在分配收益时，带头人应制定明确、公平的分配标准，并通过透明公开的方式与成员进行沟通，确保每位成员都能理解分配的依据和标准，避免出现不公平现象或成员的不满情绪。带头人还需要定期召开会议，听取成员的意见和建议，尤其是在关键决策过程中，带头人要鼓励成员积极参与，表达他们的需求与诉求，增强成员的参与感和归属感。同时，带头人要解决成员之间可能出现的矛盾和冲突，调解利益分配中的争议，确保合作社内部和谐运作。通过良好的沟通，带头人可以树立自己的威信，并在成员中树立信任感，进一步增强合作社的凝聚力和执行力。

（二）对外协调

合作社的发展不仅仅依赖于内部的管理，还离不开外部资源的支持，特别是与政府、企业、金融机构等外部组织的合作。带头人作为合作社与外部世界的桥梁和纽带，必须具备较强的谈判和协调能力，能够积极争取外部支持和资源。例如，在申请政府补贴、参与农业扶持项目或洽谈合作协议时，带头人需要清楚了解相关政策和补贴标准，确保合作社能够获得政策上的支持和财政上的帮助。在与企业合作时，带头人应具备市场洞察力和商业谈判能力，能够达成对合作社有利的合作协议，同时保证合作社成员的利益。带头人还需要同金融机构保持良好沟通，争取到低利率贷款、融资支持等资源，为合作社的发展提供资金保障。带头人在协调这些外部资源时，不仅要做好谈判和表达，保持合作社的信誉，还要注重长期合作关系的建立，确保外部资源的持续支持。通过有效的外部协调，带头人能够为合作社争取更多的资源，促进合作社的可持续发展和更广阔的市场空间。

六、诚信和公平意识

（一）诚信经营

诚信是合作社长期发展的基石，是合作社能在市场中立足的关键因素。作为带头人，必须以诚信为本，树立良好的个人形象和合作社形象，确保合作社在各类交易和社会互动中的声誉和信用。例如，在产品质量方面，带头人应确保所有产品符合质量标准，不做虚假宣传，杜绝以次充好的行为。同时，带头人应时刻关注合同履约，严格按照合同约定执行，确保合作社的承诺兑现，防止违约事件的发生，树立合作社的诚信形象。诚信经营不仅涉及对外的市场行为，还要反映在合作社内部。带头人应以身作则，始终保持诚实守信的行为规范，避免短期内的利益诱惑，追求可持续发展。这种诚信的经营理念和行为，将赢得客户、合作伙伴以及社会各界的信任，促进合作社在长期竞争中脱颖而出。

（二）公平对待成员

合作社内部的和谐与稳定，离不开公平原则的执行。带头人需要在合作社的各项事务中秉持公开透明、公平公正的原则，确保每位成员的利益得到公平对待，杜绝任何形式的偏私和不公。例如，在收益分配上，带头人应根据合作社的章程和制度，按照成员的贡献或参与度来分配收益，确保分配结果的公平性和透明度。带头人还应合理分配任务，确保每个成员的职责明确，任务的分配能够体现个人的能力和贡献，避免出现任务分配不均或成员负担过重的情况。此外，带头人还需要在合作社管理中设立有效的监督机制，确保各项决策和执行过程公开透明，接受成员的监督和反馈，以维护合作社内部的信任和和谐。公平对待成员不仅能够增强合作社的凝聚力，还能激发成员的工作积极性和创造力，推动合作社向更高效、可持续的方向发展。

第三章 合作社带头人的核心素养

七、社会责任与生态意识

(一) 社会责任

合作社带头人不仅要关注合作社的经济效益,还需肩负起社会责任,为农村经济和社会的发展作出积极贡献。社会责任要求带头人具有大局观念和社会使命感,能够将合作社的成长与乡村振兴战略紧密结合,以带动农民增收、改善农村生活条件为己任。例如,带头人可以通过合作社的健康发展为成员创造更多就业机会,为周边农民提供技术培训和生产支持,帮助他们提高生产效率和收入水平。另外,带头人还应关注农村的弱势群体,通过提供援助或优先雇佣等方式,为生活困难家庭或留守人员创造机会,展现合作社的社会责任。带头人还可以积极参与公益活动,如支持当地教育、修建基础设施或资助农业相关的公益项目,通过这些举措增强合作社的社会影响力和美誉度。同时,带头人需要努力营造合作社与地方社区的良好互动关系,增强农村社会的凝聚力,为实现乡村的全面振兴奠定基础。

(二) 生态意识

在现代农业发展中,生态保护与经济发展并重已经成为必然趋势,带头人需要将生态意识融入合作社的生产经营中,以绿色可持续的方式推动合作社发展。生态意识要求带头人认识到农业生产对环境可能带来的影响,并主动采取措施加以改善。例如,在农药使用上,带头人应推广精准施药技术,减少农药的过量使用,降低对土壤和水源的污染。在废弃物处理方面,带头人可以引导合作社成员采用循环利用的方法,将农业废弃物如秸秆、粪肥等转化为资源,发展有机农业或生物能源。此外,带头人应引入绿色生产技术,如节水灌溉、绿色种植等,推动合作社走上环保型发展道路。通过这些举措,不仅能减少环境负担,还能提高农产品的绿色附加值,增强合作社在市场中的竞争力。生态意识

不仅关乎合作社的当前发展,更是为后代保留良好的生产环境和生活条件的责任,带头人需要以实际行动推动农业的可持续发展,为农村生态文明建设作出贡献。

第二节 合作社带头人的创新能力与领导力

合作社带头人作为合作社的核心人物,其创新能力和领导力直接影响着合作社的生存与发展。在现代农业转型升级的关键时期,带头人需要具备卓越的创新思维和领导才能,以引领合作社在激烈的市场竞争中取得优势。

一、创新能力

(一) 掌握现代农业科技

带头人应积极学习和掌握最新的农业科技成果,将其运用到合作社的实际生产中,以提升生产效率和产品质量。这些技术包括智慧农业、精准种植、生物技术等。例如,智慧农业通过物联网技术实时监测土壤湿度、气象条件以及作物生长状况,帮助带头人优化灌溉和施肥方案,实现资源的精准投入,降低浪费的同时提高产量。精准种植则结合卫星遥感、地理信息系统(GIS)和无人机等技术,针对不同地块的土壤特性和作物需求,制定科学的管理方案,大幅度提高土地利用效率。此外,生物技术在提高作物抗病能力和减少农药使用方面发挥重要作用,例如,利用生物防治技术抑制病虫害,从而保障农产品的绿色和安全性。带头人不仅需要掌握这些技术的基本原理,还需深入了解其在不同作物中的具体应用,为合作社的现代化发展提供技术支撑。

(二) 创新经营模式

在合作社经营管理中,带头人应具备突破传统思维的能力,积极探索并实施创新的经营模式。例如,发展订单农业可以减少市场不确定性,提高生产的针对性和效率,通过与大型超市或食品加工企业签订长期供销协议,带动合作社成员的稳定增收。同时,带头人可以推动农产品深加工,延伸产业链,将初级农产品加工为高附加值的食品或原材料。例如,将水果加工成果汁、果干,或者将粮食加工成特制面粉,不仅可以满足多样化的市场需求,还能显著提升合作社的经济效益。此外,带头人还可以结合农业观光等新兴模式,发展集采摘、休闲、旅游为一体的农业综合体,通过体验式消费吸引更多客户,为合作社开辟新的收入来源。创新的经营模式能够帮助合作社适应市场变化,增强竞争力,同时为成员创造更多的发展机会。

(三) 推动品牌建设

在日益激烈的市场竞争中,品牌建设是合作社产品脱颖而出的重要手段。带头人需要具备品牌意识,围绕合作社的核心产品打造具有地域特色的品牌。例如,将地方特产与文化元素相结合,赋予产品独特的故事和内涵,吸引消费者的情感共鸣。同时,带头人可以通过申请有机认证、绿色认证等方式,提高产品的可信度和市场认可度,使其更具竞争力。此外,品牌推广也非常重要,带头人需要通过多种渠道宣传品牌,如设计标志性的包装、策划线上线下的宣传活动,扩大品牌影响力。例如,通过社交媒体发布高质量的内容,如产品背后的种植故事或生产过程,让消费者更深入地了解合作社的理念和价值观。品牌建设不仅有助于合作社产品在市场中的定位,也能增加产品附加值,为合作社的长远发展奠定基础。

(四) 拓展市场渠道

带头人需要积极开拓新兴的市场渠道,为合作社产品找到更多的销售路径和目标客户。例如，电子商务平台已成为当今农产品销售的重要渠道，带头人可以通过天猫、京东等平台将合作社产品销往全国，突破地域限制，扩大市场范围。同时，社区支持农业（CSA）是一种直接联系农民与消费者的新模式，带头人可以通过这种渠道建立长期稳定的客户群，为合作社创造持续的收入来源。此外，带头人还可以抓住直播带货的潮流，通过线上直播向消费者展示产品特点和生产过程，增强消费者的信任感，提高销售量。例如，通过直播活动介绍绿色种植的农产品，能够吸引注重健康和环保的消费者群体。拓展市场渠道不仅可以增加销售量，还能帮助合作社更好地适应多变的市场环境，提升综合竞争力。

（五）制定创新激励机制

带头人需要通过有效的激励机制，调动合作社成员的创新积极性，营造内部的创新氛围。首先，可以通过设置奖励机制，对提出创新建议并产生积极效益的成员给予经济奖励或荣誉表彰。例如，对于建议引入新技术或新模式并取得成效的成员，可以提供现金奖励或在收益分配中给予优待。其次，带头人可以组织内部的技能培训或创新竞赛，为成员提供学习和展示的机会，提升他们专业能力和创新能力。例如，开展"最佳农技改良奖"评选活动，鼓励成员在种植、养殖或产品加工方面提出改进措施。再次，带头人还可以引入团队激励机制，鼓励成员之间的协作创新。例如，设立"团队成果奖"，奖励在合作中实现技术突破或市场拓展的团队。通过这些创新激励机制，不仅能增强成员对合作社的认同感和归属感，还能推动合作社整体创新能力的提升，为合作社在激烈的市场竞争中注入更多活力。

第三章 合作社带头人的核心素养

二、领导力

(一) 战略规划能力

带头人需要具备全局观和长远眼光,能够从宏观角度分析市场环境、政策趋势以及合作社的实际情况,制定科学的战略规划。这不仅包括明确合作社的发展目标,还需设计清晰的路径和具体措施。例如,在市场定位上,带头人应评估目标市场需求,确定合作社的核心竞争力,如差异化的产品或高效的服务模式。同时,还需制定短期、中期和长期发展计划,将资源合理分配到关键环节,确保合作社在稳定增长的同时实现可持续发展。通过战略规划,带头人可以引领合作社保持在正确的轨道上,避免资源浪费和方向偏离。

(二) 决策与执行能力

在关键问题上,带头人应具备果断的决策能力,能够在复杂多变的环境中迅速作出科学判断。例如,在市场价格波动时,带头人需要快速分析风险与机会,调整合作社的生产计划或销售策略。同时,带头人还需确保决策的高效执行,通过明确职责分工、制定执行时间表和监督落实情况,将决策转化为实际成果。例如,在新项目的推广过程中,带头人应通过动态管理及时调整实施方案,带领团队克服困难,确保目标的顺利达成。高效的决策与执行能力是合作社在快速变化的环境中保持竞争力的关键。

(三) 沟通与协调能力

带头人作为合作社内部与外部的桥梁,需要善于与各方进行有效沟通。在内部管理中,带头人应倾听成员的意见和建议,关注他们的需求和困惑,协调关系,化解矛盾。例如,在收益分配问题上,带头人需通过公开透明的机制赢得成员的信任,增强团队凝聚力。在外部关系中,带头人需要积极与政府部门、企业客户和金融

机构建立合作关系。例如，通过与政府对接，申请农业政策补贴；或与客户洽谈，争取长期合作协议。带头人通过沟通与协调，不仅能推动资源共享，还能为合作社争取更广泛的支持和发展空间。

（四）激励与培养团队

优秀的带头人能够激发成员的积极性和创造力，并关注成员的职业成长与个人发展。例如，带头人可以通过设立奖励机制、表彰优秀成员等方式激励团队。同时，应定期组织技能培训和知识分享，帮助成员提升专业能力，如学习新型农业技术或市场营销方法。带头人还需通过指导和支持，为成员解决工作中的困难，增强他们的信心和归属感。打造一支高效、专业的团队不仅有助于提升合作社的整体竞争力，也为合作社的可持续发展奠定了坚实基础。

（五）公正与诚信

带头人的领导力的重要体现之一是公正与诚信。带头人应在合作社的管理和运营中以身作则，坚持公平公正的原则。例如，在任务分配和收益分配上，带头人应以章程和制度为依据，避免出现偏袒行为，确保每位成员的利益得到尊重和保障。此外，诚信是合作社在市场中立足的重要基石。带头人应坚持诚信经营，无论是在产品质量、合同履约还是市场推广上，都要树立良好的个人与合作社形象。公正与诚信能够赢得成员的信任和社会的认可，为合作社创造更广阔的发展空间。

（六）应变与抗压能力

在市场波动、自然灾害或政策调整等不可控因素面前，带头人需要具备较强的应变能力和抗压能力。例如，在自然灾害影响农作物收成时，带头人应迅速评估损失，调整生产计划，争取外部支持；或在市场价格剧烈波动时，带头人应及时调整销售策略，稳定合作社收益。同时，面对复杂局面，带头人应具备良好的心理素质和冷静的分析能力，保持团队士气，确保合作社的平

第三章 合作社带头人的核心素养

稳运营和稳定发展。

（七）责任与担当

作为合作社的领导者，带头人需要有强烈的责任感和担当精神，对内关注成员利益，对外履行社会责任。在内部管理中，带头人需要通过科学的决策和高效的管理保障合作社的健康运营。例如，确保资金使用的合理性、分配机制的公平性等。在外部合作中，带头人应积极推动合作社参与乡村振兴事业。例如，通过提供就业机会、推广先进农业技术等方式，助力农业农村现代化发展和农村经济繁荣。责任与担当是带头人凝聚成员、赢得社会认可的关键，也是推动合作社实现可持续发展的内在动力。

第三节　合作社带头人的营销理念与品牌意识

一、营销理念

（一）市场导向的经营策略

带头人需要明确市场需求是合作社经营的核心驱动力，只有紧跟市场变化，合作社才能在竞争中立于不败之地。市场导向的营销理念要求带头人根据消费需求调整合作社的生产方向，避免盲目生产造成的资源浪费和市场滞销。例如，当前消费者越来越关注食品的安全性和环保性，带头人可以引导合作社发展有机农产品或绿色产品，通过引入绿色种植技术减少化学农药和化肥的使用，提高产品的健康性和附加值。同时，带头人需要密切关注市场动态，研究消费者的消费习惯和购买倾向，并及时调整合作社的产品结构和销售策略。例如，可以根据季节变化推出应季产品，或者根据消费者需求开发差异化农产品，满足多样化的市场需求。此外，市场导向不仅要求带头人关注当前需求，还需要有前瞻性，能够预测未来市场趋势。例如预见到植物基食品的增长潜力，提前布局相关产品，以确保合作社的产品始终具有市场竞争力。

（二）精准定位与差异化营销

在竞争激烈的农产品市场中，精准定位是合作社品牌成功的关键。带头人需要根据合作社的实际资源和市场需求，为产品找到独特的市场定位。例如，利用地域特色打造地方特产，将产品与特定的文化或自然环境相结合，如"山泉稻米"或"有机苹果"，通过地域品牌突出产品的独特性。此外，带头人还可以结合农产品的品质特点，如口感、营养价值等，向消费者传递产品的差异化优势。差异化营销可以让消费者迅速记住合作社品牌，在众多同类产品中脱颖而出。例如，可以设计独特的包装和品牌故事，通过产品的外在形象和内在价值相结合吸引目标消费者。精准定位不仅帮助合作社锁定目标市场，还能够有效提升消费者的购买意愿，提高产品的溢价能力。通过差异化营销，合作社能够与其他竞争者形成明显区分，在市场中占据更有利的地位。

（三）多元化的销售渠道

带头人应积极拓展和创新销售渠道，为合作社产品开辟更广阔的市场。传统销售渠道如农贸市场和超市仍然是重要选择，带头人需要与这些平台建立稳定的合作关系，确保产品的持续供应。同时，利用电商平台可以突破地域限制，将合作社产品销往更广范围的地区。例如，通过天猫、京东等大型电商平台建立线上销售渠道，不仅增加销售量，还能提升合作社的品牌知名度。此外，社区支持农业（CSA）模式是一种新兴的销售模式，带头人可以通过直接与社区建立联系，按季节向消费者提供固定的产品包，实现稳定的销售收入。带头人还可以探索短视频和直播带货等线上营销手段，例如，通过抖音、快手等平台进行产品直播，向消费者直观展示产品的生产过程、品质特点以及合作社的

第三章 合作社带头人的核心素养

文化背景，增加品牌曝光度，特别吸引注重互动体验的年轻消费群体。多元化的销售渠道不仅能够提升产品的市场覆盖率，还能帮助合作社分散销售风险，提高整体收益。

（四）客户关系管理

成功的营销不仅在于获取新客户，更在于维护长期客户关系。客户关系管理是合作社实现可持续发展的重要环节，带头人需要高度重视客户的反馈和需求，建立完善的客户服务体系。例如，通过提高产品质量，确保产品的一致性和可靠性，赢得客户的长期信任和支持。同时，带头人可以通过建立会员制度，与客户建立更紧密的联系，为长期客户提供优惠活动或定制化服务。例如，根据会员的偏好提供个性化的农产品大礼包或推出会员专属折扣，提高客户的忠诚度。定期与客户互动是客户关系管理的重要手段，例如，通过问卷调查、社交媒体互动或线下活动了解客户需求，并根据反馈不断改进产品和服务。例如，带头人可以邀请客户参观合作社的生产基地，亲身体验农产品的种植和加工过程，增强客户对品牌的认同感和信任感。通过建立和维护良好的客户关系，带头人不仅能够提升客户的满意度和忠诚度，还能通过口碑效应吸引更多潜在客户，为合作社的长远发展奠定坚实基础。

二、品牌意识

（一）品牌的核心价值与理念

品牌不仅仅是一个名称或标志，它承载着合作社的经营理念和产品的核心价值，是消费者对产品信任的关键所在。带头人需要明确合作社品牌的核心价值，例如安全、健康、绿色、优质等，并将这些价值贯穿于产品的生产、加工、包装和宣传的全过程。例如，通过科学种植和严格的质量控制，带头人可以确保品牌符合"绿色健康"的形象，同时减少农药、化肥的使用，增强

消费者对产品安全性的信任感。在宣传时，带头人应围绕核心价值展开故事化的品牌传播，让消费者能够清晰地理解品牌的独特意义。例如，突出合作社产品的生态环保优势和无公害生产方式，不仅能够赢得消费者的信任，还能在市场中树立独特的品牌定位。

（二）地域特色与品牌塑造

合作社的品牌建设可以充分利用地域特色，借助地方自然资源和人文文化，赋予品牌情感价值。例如，带头人可以将当地的自然风光、人文历史或民俗文化融入品牌故事，如"山泉水灌溉的高山大米"或"传承百年技艺的传统果干"，将品牌与地域特色紧密联系，让消费者在购买产品时不仅感受到品质，还能体会到品牌的文化背景。通过这种方式，带头人能够增强品牌的故事性和吸引力，建立与消费者的情感连接。例如，一款来自某特定区域的蜂蜜，可以通过宣传当地独特的花卉生态和蜂农的传统采集技艺，让消费者感受到品牌的真实和独特性，从而大幅提升品牌忠诚度和市场竞争力。

（三）产品标准化与品牌一致性

品牌的成功离不开产品质量的一致性和标准化。带头人需要推动合作社建立科学统一的生产和加工标准，确保产品在外观、口感、包装等方面始终保持一致。例如，可以制定规范的种植、采摘和加工流程，并通过引入质量检测系统保证每一批产品都符合品牌要求。此外，通过设计独特的标准化包装，让产品在货架上具备更高的辨识度，有助于强化消费者对品牌的记忆。同时，带头人还需注重产品的持续性供应，以避免因质量波动或供应中断而影响品牌声誉。消费者在每一次购买时都能获得一致的高品质体验，这种稳定性和可靠性能够让品牌在市场中占据更稳固的地位。

（四）品牌推广与传播

品牌建设离不开广泛而有效的推广和传播。带头人可以利用多种方式扩大品牌的知名度和市场影响力。例如，通过社交媒体宣传品牌，让消费者了解产品的独特优势和生产过程；在线下展会中展示产品，与潜在客户建立直接联系；利用地方电视台或报刊宣传合作社的品牌故事，增强品牌的可信度。此外，带头人可以积极参与各类农产品质量评比和认证，如绿色食品认证、有机食品认证等，为品牌背书，进一步提升品牌在消费者心中的公信力。例如，在展会中展示获奖证书或认证标志，能够让消费者对产品质量和品牌价值产生更深的信任。通过策划创意活动（如品牌体验日、农田开放日等），带头人还可以吸引消费者的关注与参与，使品牌推广更加立体化和生动化。

（五）品牌延伸与升级

随着合作社的发展，带头人需要思考品牌的延伸和升级，以适应市场需求的变化，拓宽品牌的影响力。例如，在现有品牌的基础上，可以开发高端产品系列、区域特供产品或深加工食品，以满足不同层次的消费需求。品牌延伸可以通过增加产品线，如在基础农产品外推出加工类食品，如酱料、果干或即食产品，让消费者对品牌产生更广泛的认可。此外，品牌升级还可以通过包装设计、视觉形象更新等方式实现，让品牌更符合当代消费者的审美和文化倾向。例如，加入环保设计元素，突出绿色可持续的品牌理念，能够吸引注重环保的消费群体。通过不断创新与升级，品牌不仅能在市场中保持活力，还能增强消费者对品牌的忠诚度和黏性，帮助合作社在长期竞争中维持领先地位。

第四节　带头人角色在合作社发展中的关键角色

一、组织协调者——构建紧密型利益联结机制

带头人是合作社与农户之间的桥梁和纽带，在合作社发展中起到核心的组织与协调作用。通过发挥带头人的组织能力，合作社能够将分散的农户资源整合成一个统一的整体，形成规模化、专业化的生产和经营体系。这种整合作用尤其在农村地区具有重要意义，能够帮助资源不足、生产力低的农户融入现代农业产业链。

带头人需要根据当地的资源禀赋和产业特点，科学设计合作模式，将农村困难家庭成员纳入合作社体系。例如，通过"公司+农户""合作社+大户""家庭农场+贫困户"等多种模式，将农户与产业链的上下游环节紧密连接。在这种模式下，带头人可以为农户提供统一的种苗、生产资料和技术指导，帮助农户克服单打独斗的劣势，使其生产活动更具组织性和效率性。同时，通过与企业、市场渠道的对接，带头人可以确保农产品的市场流通顺畅，避免农户因缺乏销路而导致产品滞销或价格被压低。

为了增强农户参与合作社的积极性，带头人需设计并实施利益联结机制，例如保底收购、股份分红、利润返还等。这些机制能够保障农户在市场波动或自然灾害中仍然有基本收益，从而减少生产风险。例如，保底收购机制确保合作社以不低于市场价格的水平购买农户的产品，保护其基本收入；股份分红和利润返还则将合作社的整体收益与农户挂钩，让农户共享合作社发展带来的红利。这种利益联结机制的建立，不仅能吸引更多农户加入合作社，还能进一步提高他们的生产积极性和质量意识。

此外，带头人还需要通过组织协调解决农户之间的矛盾和分歧，

第三章 合作社带头人的核心素养

建立合作社内部的公平分配制度。例如,在资源分配、收益分配和任务安排上,带头人需要公开透明,确保每位成员都能感受到公平与公正,从而增强合作社的凝聚力。这种紧密型利益联结机制的构建,不仅能够保障合作社获得稳定、优质的原料供应,还能大幅提高农户的生产积极性和参与度,实现合作社与农户的"双赢"目标。

二、技术推广者——提高农民技能与生产水平

带头人不仅是合作社的管理者,更是技术推广者和实践者,其责任在于为农户提供全方位的技术支持,从产前准备到产中管理,再到产后销售,形成一个完整的技术服务链条。

在产前,带头人需要为农户提供优良种苗和必要的生产资料,例如科学选育的高产优质种子、肥料和农药等。同时,还需向农户传授种植前的土地整备和种苗选择技术。例如,在种苗分发时,带头人可以通过现场讲解或示范,帮助农户了解不同种苗的特性及适宜的种植条件,确保农户能从一开始就为高质量生产打下基础。

在产中,带头人需要通过标准化、规范化、常态化的技术培训,提高农户的生产技术水平。这包括种植密度、病虫害防治、灌溉施肥等方面的技术指导。例如,带头人可以通过组织技术培训班、发放操作手册、开展实地观摩等方式,帮助农户系统学习和掌握科学的种植或养殖方法。同时,针对部分农户的个性化需求,带头人还可以提供上门指导服务,例如,协助农户解决特定作物的病害问题或优化养殖过程中的饲料配比。这种实用性强、针对性高的技术服务,能够显著提升农户的生产技能,减少因技术不足导致的损失。带头人还可通过建立技术示范样板,为农户提供直观的学习机会。例如,在种植基地或养殖场中创建示范区,展示先进的种植方法、养殖技术或循环农业模式。这种"以点带面"的推广方式能够帮助农户在实践中学习和借鉴,提高技术的接受度和应用率。例如,在稻田种植中,带头人可以展示

农民专业合作社带头人手册

"稻田+鱼虾菜果"立体生态种养模式,帮助农户了解如何充分利用稻田、水体和田埂空间,提高土地利用率和经济效益。

在产后,带头人需要帮助农户解决销售问题,这是提高农户收益和信心的重要环节。通过与市场对接,带头人可以为农户拓展销路,例如与超市、农贸市场、电商平台建立稳定的合作关系。同时,带头人可以帮助农户优化农产品的包装和品牌,提升其市场竞争力。此外,对于部分偏远地区的农村困难家庭成员,带头人还可以组织统一的物流配送和仓储服务,确保农产品能够快速、高效地进入市场。

通过产前、产中、产后的全流程技术推广和服务,带头人能够有效解决农村困难家庭成员在生产和销售中的技术短板。这种支持不仅提升了农户的生产技能,还优化了农产品的质量和产量,最终帮助农户提高收入、增强致富的信心。

三、市场开拓者——扩大农产品销售渠道

带头人通过市场开拓能力帮助合作社和农户有效解决销售难题,特别是在地理位置偏远的农村地区。尽管这些地区的农户在交通、物流和信息获取方面存在局限,但其独特的生态环境通常能够生产出优质的农产品资源。带头人利用自身的市场敏锐度和现代化营销手段,将这些资源转化为市场竞争力。

首先,带头人需要主动开拓线上销售渠道,通过电子商务平台,如淘宝、京东、拼多多等,将农产品销往全国,突破地域限制。例如,将合作社的特色农产品进行品牌化包装,通过专业化的线上店铺展示产品特点,吸引全国消费者。同时,带头人还可以利用直播带货等方式,通过平台主播向消费者展示产品的生产过程、品质优势和独特性,以直观和互动的形式增强消费者的信任感和购买意愿。直播销售不仅能够提升产品知名度,还能直接促进订单量的增长。

第三章 合作社带头人的核心素养

其次,带头人可以整合社区支持农业(CSA)模式,与城市消费者直接建立联系。通过与社区组织或城市消费者群体合作,带头人可以组织稳定的订单式农业生产,提前锁定销售渠道。例如,合作社与城市居民签订订单协议,定期配送新鲜农产品到社区配送点或消费者家中。这种模式既能稳定农户的收入,也能让消费者获得新鲜、健康的食品,形成双向互惠。

最后,带头人还需要注重品牌的培育和推广,通过打造具有地方特色的品牌,增强产品在市场上的识别度和竞争力。例如,将农村地区的独特生态优势与产品特点结合起来,创建具有文化背景的品牌故事,向消费者传递"天然""绿色""高品质"等核心价值。通过参加地方展会、行业竞赛、线上推广等多种形式,带头人可以进一步提升品牌的市场影响力。这样的市场开拓举措,不仅能够帮助农户打开销路,还能增强他们的销售信心,最终提高合作社整体经济效益。

四、模式创新者——推动生态农业与产业模式优化

带头人作为合作社发展模式的引领者,能够将先进的生态农业理念和创新产业模式引入合作社的运营中,为农村地区实现可持续发展提供解决方案。这种创新的产业模式尤其适合土地资源有限、环境条件特殊的农村地区。

例如,"水稻+鱼虾菜果"立体生态种养模式是一种极具创新性的农业生产方式。通过充分利用稻田的多功能性,在水稻种植过程中同时养殖鱼、虾,或者在田埂种植蔬菜和水果,这种模式实现了多维度的土地资源利用,大幅提高土地的经济效益和产出率。同时,这种生态模式减少了化肥和农药的使用,保护了土壤和水源,符合现代农业绿色发展的方向。带头人可以通过推广这一模式,让农户在有限的土地资源中获得更高的收益。

此外,带头人还可推动"林下养鸡""稻田养虾"等生态高效

模式的实施。例如,在山区地区,带头人可以利用林地资源,推广林下养鸡模式,这种模式既能增加林地收益,又能保持生态平衡;在水资源丰富的地区,则可以推广稻田养虾模式,不仅增加附加值,还能对稻田起到除草和疏松土壤的作用,降低种植成本。

带头人还需要结合循环农业的理念,将农作物种植和畜禽养殖有机结合。例如,通过使用农作物的秸秆作为畜禽饲料,畜禽粪便经过处理后再用作有机肥料,实现资源的高效循环利用。这种模式不仅符合生态农业的发展要求,还能降低农业生产的环境成本,增加农村地区资源的经济附加值。

通过推动这些创新模式的应用,带头人不仅能够提高农产品的产量和质量,还能帮助农村地区探索更符合可持续发展目标的农业路径。这些模式不仅让农户获得了更多的经济收益,还为合作社赢得了更大的市场认可和政策支持,最终实现经济效益、生态效益和社会效益的多重统一。

五、教育培训者——培养新型职业农民

带头人作为新型职业农民的引领者,在教育和培训方面扮演了重要角色,通过职业教育和技能提升培训,帮助农民掌握现代农业所需的专业技能和经营管理能力。这不仅是提升农民生产力的关键,也是促进农村地区产业发展的重要环节。

带头人需要根据合作社的发展方向和具体产业需求,制定专题化、系统化的培训计划。这些计划应覆盖种养技术、农产品加工、市场营销以及农机操作等实际应用技能。例如,针对建档立卡生活困难家庭,带头人可以设计种植养殖技术的专项培训,教授科学的种植密度控制、饲料配比、病虫害防治等内容,确保农户能够高效生产。通过这样的技能培训,农民可以掌握可操作性强的知识,直接应用于生产实践,提升农产品质量和产量。

在培训过程中,带头人还需关注传统培训中容易忽视的短板

领域,例如,市场营销和经营管理。这些领域通常是农民转型为新型职业农民的主要瓶颈。带头人可以通过案例教学、实地观摩和模拟操作等方式,帮助农民掌握定价策略、客户关系管理以及市场动态分析等知识,提升他们的商业敏感度和市场应变能力。此外,针对农民可能面临的管理挑战,例如财务规划、生产计划制定和劳动力分配等,带头人应开展专题培训,确保农民能够具备基本的经营管理素质。

带头人还需注重培训效果的持续性,通过跟踪服务和技术指导,让农民真正能够"学得到、带得走、用得上"。例如,在培训结束后,带头人可以定期走访农户,检查培训内容的应用情况,为农民解答生产和经营中的问题。通过这样的持续指导,带头人能够帮助农民将所学知识真正转化为致富的技能。最终,通过带头人的引领作用,新型职业农民可以成为推动现代农业乡村振兴的主力军。

六、发展推动者——增强合作社的产业引领能力

带头人通过推动合作社的发展,能够有效提升合作社在产业链中的引领能力,促进农村地区的产业乡村振兴和现代农业建设。他们通过建设标准化、规范化的农业产业化示范基地,为农户提供从生产到销售的一体化服务。

带头人组织建设的农业产业化示范基地,不仅是生产活动的集中地,更是技术推广和模式创新的试验场。在基地建设中,带头人可以引入先进的农业技术和管理经验,例如,优质种苗的繁育示范、农机作业的高效化应用、农资配送的精准化管理等。这些示范项目能够让农户直观地了解现代农业的操作方式,快速学习并应用到自身的生产活动中。此外,基地的集约化管理能够有效解决农户分散生产带来的低效问题,提高农产品的整体质量和市场竞争力。

在生产环节，带头人可以通过示范基地提供集成服务，如抗旱排涝技术、病虫害的统防统治等，帮助农户降低自然灾害和病虫害带来的风险。在销售环节，带头人可以通过示范基地建立集中的产品分拣、加工和包装中心，统一农产品的品质标准和品牌形象，从而提升市场溢价能力。

示范基地的建设还能够吸引更多外部资源和政策支持。例如，政府可以为基地提供基础设施建设补贴和技术推广资金，企业可以通过基地获取稳定的优质原材料供应。这些资源的汇聚，不仅提升了合作社的综合实力，也为农户创造了更大的发展空间。

通过标准化、规范化的基地化运作模式，带头人不仅能提高合作社的生产水平和经济效益，还能为合作社树立产业引领的标杆形象。最终，这种产业引领能力将推动农村地区农业从传统低效向现代高效转型，为实现乡村振兴和农业可持续发展提供强大动力。

七、社会责任承担者——助力乡村振兴

作为合作社的带头人，他们不仅是组织管理者和经营决策者，更是乡村振兴的重要推动力量。带头人通过合作社的发展，不仅可以促进当地农业生产的现代化，还能通过提供更多就业机会和资源支持，为农村地区带来经济增长、社会进步和环境改善。

首先，带头人通过合作社的扩展和升级，能够为农村地区创造大量就业机会。合作社的运营需要大量劳动力，从种植、养殖到加工、销售等各个环节都需要人力支持。带头人通过吸纳本地农民特别是生活困难家庭进入合作社工作，帮助他们获得稳定的收入来源。例如，通过引入现代化农业设备和管理模式，带头人能够提升生产效率和经济效益，进而为当地农民提供更多的就业

第三章 合作社带头人的核心素养

岗位,减少因生活困难导致的流动失业现象。带头人还可以通过组织农民在合作社内部开展专业技能培训,使他们获得新的就业技能,提高整体劳动力的素质。

其次,带头人通过引入先进的农业技术和生态模式,提高农村生产效率,推动农业农村现代化进程。例如,在农村地区引入精准农业技术、生态农业模式和可持续发展理念,不仅能够提升农作物的产量,还能改善农产品的质量。在生产过程中,带头人可以帮助农民采用科学的种植方法、节水灌溉技术、病虫害智能防治等先进技术,减少资源浪费,提升土地利用率和环境保护能力。这些技术不仅能够增加农民的收入,还能为农业农村现代化奠定坚实基础,确保农业产业的可持续发展。

带头人还承担着农民职业化的培养责任,通过组织职业技能培训和教育,提升农村地区农民的整体素质。通过引导农民向新型职业农民转型,带头人可以帮助他们掌握现代农业生产管理技能、市场营销技巧以及财务管理知识。例如,带头人可以组织种养技术、农产品加工、电子商务等方面的培训,使农民不仅能够提升传统农业技术,还能在新的市场环境下找到盈利的机会。此外,带头人还可以帮助农民发展品牌意识,推广农产品的市场销售,进一步提高农民的收入水平。

通过这些多层次、多维度的贡献,带头人帮助推动了乡村振兴和脱贫致富的进程。他们不仅提升了农村地区的生产能力,也改善了当地的经济结构和农民的生活水平。带头人的工作不仅体现在短期的经济效益上,更在于长远的社会和生态影响,通过赋能农村生活困难家庭,提升乡村的可持续发展能力,最终实现经济与社会的双重振兴。

最后,带头人通过在合作社中推行绿色生产、生态环保、乡村振兴等理念,不仅帮助农民增加了经济收入,也使得农村地区

的可持续发展得到了更好的保障。带头人的社会责任承担,使得合作社不仅仅是一个经济实体,更是一个社会责任感强、生态友好的发展平台,从而在更广泛的社会层面上,促进乡村振兴目标的实现。

第四章 合作社的运作

第一节 合作社的运作模式

一、"能人+合作社+农户"运作模式

"能人+合作社+农户"的运作模式主要是由懂技术、会经营，长期专门从事农产品种养、生产、运销等有威望的能人（或农村精英）利用他们现有的技术、生产能力或销售渠道，联合从事同类农业生产的农民自愿参与并牵头组建的专业合作社模式。这种类型的合作社在当今农村最为普遍，在引导农民发展生产、疏通产销环节、获取市场信息、顺利进入市场等方面起了很大的作用。在该模式下，合作社主要依靠能人大户的投资开展各种生产经营活动，能人大户既是管理负责人又是决策者，因此能人的技术生产水平、经营组织能力、社会资源、市场开拓与奉献精神等各方面的能力、品质与资源对合作社的整体经营发展起着决定性作用。合作社的实际生产经营及管理往往由能人包办，组织与成员之间的关系主要依靠能人的个人威望来维系。

此外，由于在合作社的整个经营过程中决策权都由能人大户掌控，小户成员由于投入资金少，发言权有限，因而不能激发小户成员的参与积极性，也使得他们不能有效行使监督权，加之合作社对大户过分依赖，一旦能人大户决策失误，必将造成合作社的重大损失。

二、"龙头企业+合作社+农户"运作模式

龙头企业在此特指规模较大、经济效益好、带动能力强、具有市场竞争力的农产品加工和流通企业。"龙头企业+合作社+农户"运作模式主要是由龙头企业负责提供农资采购、技术指导、农产品加工、获取信息、市场销售等服务，农户负责农产品生产，作为在企业与农民之间起桥梁作用的合作社则侧重联系和服务，把农户与企业之间的直接交易转化为组织化的间接交易，将农户、农业、一线产品生产与龙头企业农产品专业化加工、销售联结起来，发挥企业的生产技术、市场营销等优势，以达到生产、加工、销售一体化经营的目的。这种模式的优点是利用合作社作为中介机构把农户和企业联结起来，使农产品有稳定的销路，可以在一定程度上降低农户的市场交易费用和风险。同时企业在技术、资金、加工、储运、销售和市场信息等方面有较为明显的优势，可以指导合作社农户进行规范化、专业化、规模化农业生产，并对合作社的农产品进行深加工，拓展其增值空间。

在此模式中，龙头企业与合作社往往通过签订合同以明确双方的权利、义务，合作社作为中介并与农户结成利益共同体。一般情况下，合作社负责农业一线生产，龙头企业则向合作社提供技术、市场信息等服务。联合经营中，合作社具有动员、组织和管理大量分散农业生产者的能力，产业化经营中能为龙头企业降低人力管理成本和违约风险；再者，龙头企业具备完善的产品生产、加工、营销机制，市场竞争力强。同时龙头企业的管理、技术、营销等优势资源通过合作社可延伸到农户的生产过程中，有利于农户提高生产经营效率，双方优势互补，从而实现合作共赢。

企业带动型也有其不足之处，即企业和农民双方的权利义务关系完全由合同或协议界定，企业通常都处于强势地位，而分散

第四章 合作社的运作

的农户则处于依附地位，因而合同中的权利与义务往往是不对等的，一旦市场发生变化，企业往往依其强势地位向农户转嫁风险，结果损失最多的还是农民，农民常常成为受害者。

三、"基层组织+合作社+农户"运作模式

农村基层组织包括设在乡镇（办事处）和村一级的政府各种基层组织，这里主要指村级组织，包括基层政权、基层党组织和其他组织，一般具体为村民委员会、村党组织和政府基层部门。农村基层组织通过行使动员、组织农民群众的职能，将普通农民群众以利益为纽带组织起来，帮助引导农民从以独立个体劳动为主的分散小农生产方式向相互依存、资源共享、分工协作，共同创造财富的规模化经营方式转变。"基层组织+合作社+农户"运作模式正是由村民委员会、村党组织、基层部门挖掘和运用其资源和优势（特别是行政资源优势），以维护农民的合法权益为宗旨组织农民围绕当地的特色农业进行生产经营而创办的农民专业合作模式。

该模式主要是能发挥村级组织的带动能力和村干部整体素质较高的优势，根据本村的生产条件和经营传统、习惯，把同行业的农户组织起来成立合作社，合作社为他们提供统一服务，解决生产经营中的难题。该经营模式的主要特点如下。第一，以集体所有的土地、农机、水源、房屋等要素作为经营基础，较多采用股份合作制的组织形式，对集体土地实行集中经营，提高了经营效率。第二，经营的综合性比较强。一方面，对集体的耕地、林地等进行综合规划，统筹安排，因地制宜，分类经营、管理，提高了经营效率；另一方面，由于受地方政府的保护与支持，这类合作社大多拥有较强的经济实力和比较优越的资源条件，有些还建立了由集体投资的企业，能够用企业的收益支持合作社的发展。第三，村级行政组织与合作社管理合二为一，能够充分利用村集体组织的人力资源。第四，农村基层组织作为最贴近农民的村级组织，通过动员、示范、维权等方式激发农民合作生产的积极性与主动性，切实有效地动员和带领农民以合作的方式开展农业生产活动。同时由于基层组织最了解农民，可通过适当的教育培训，增强农民的市场意识，不断引导农民根据市场需求进行生产，不断提高其在市场竞争中的实力。

但该经营模式也存在缺陷，主要如下。第一，合作社建立在原有的集体经济之上，以土地承包经营权股份合作作为产权基础，使得合作的范围一般仅限于本村村集体的范围之内，覆盖面窄，成员也局限于同乡、同村范围内，发展规模小，农副产品科技含量低，产品销路单一，辐射发展带动能力差。第二，受集体组织经济实力与资源条件影响较大，只适应于农村工业化、农业产业化发展比较充分的地区和村党支部、村委会经营管理能力强的村。第三，合作社很大程度上或依靠或依附于基层组织，生产经营与管理往往没有独立性，长此以往，合作社最终可能异化为基层组织的一个职能部门。

四、"供销社+合作社+农户"运作模式

"供销社+合作社+农户"运作模式中，由于供销社长期在广大农村地区经营，可充分利用其销售网络、资金、地缘、人才、社会资源等优势，通过与合作社联合或者直接出资牵头创办合作社，实现与农户联合共赢的经营目的。现实中由于农户自发创办合作社时面临着资金短缺、缺乏技术及专业管理人员等问题，而供销社可以利用自身资源，牵头领办合作社，实现自身与合作农户的互利共赢。合作社农户的农产品可借助供销社这个平台进行销售，实现农业生产与市场对接，解决农户的小生产与经营大市场的问题。同时，这种模式通过供销社的带动，可以避免农户销售中的盲目性和无序竞争，不仅降低了从事农产品生产的农户进

第四章 合作社的运作

入市场的门槛,而且一定程度上减少了农民自己销售产品所带来的风险和损失,稳定了他们的销售收入。但这一模式也存在如下缺陷。第一,部分地区的供销合作社由于历史包袱较重及在机构改制过程中一些不完善政策的实施,导致了很多地方的基层供销社出现经营设施落后、更新停滞、人员老化、项目启动资金不足等问题,支持合作社发展的能力有限。第二,在经营上,供销社牵头创建合作社可能会延续供销社多年形成的僵化管理机制,不利于合作社的发展。第三,供销社经过多次改革,现已企业化,"龙头企业+合作社+农户"会出现的问题在"供销社+合作社+农户"运作模式中同样会出现。

第二节 合作社的生产经营管理

一、农业标准化生产与产品品牌建设

(一) 农业标准化生产

标准化,指在一定范围内为获得最佳结果,对实际潜在的问题制定共同规则的活动。农业标准化是以农业生产为对象的标准化活动,即遵循"统一、简化、协调、选优"原则,通过制定和实施一系列标准,把农业产前、产中、产后各个环节纳入标准生产和标准管理的轨道。农业标准化生产,就是通过把先进的科学技术和成熟的经验组合成农业标准,推广应用到农业生产和经营活动中,把农业的整个生产经营过程纳入标准生产和标准管理,生产量多质优的农产品,从而取得经济、社会和生态的最佳效益,达到高产、优质、高效的目的。农业标准化生产融先进的技术、经营、管理于一体,以市场为导向,建立健全规范化的生产、加工、流通的工艺流程和计量标准,使农业发展科学化、系统化,从而提高农产品质量,增强农产品市场竞争能力,提高农

业经济效益,增加农民收入,并逐步实现农业农村现代化。

农产品质量认证是农业标准化生产的核心内容。我国农产品质量认证起步较晚,但发展较快。在农产品质量认证体系的建立过程中,既借鉴了国际通行做法,又充分考虑到了我国现阶段农业发展的水平、农业管理体制的特点和农产品质量的安全状况等。当前我国农产品的质量认证主要包括绿色食品认证、有机食品认证、地理标志产品认证三类。

(二)农产品的质量认证

1. 绿色食品认证

绿色食品是指按绿色食品标准,产自优良环境,依照规定的技术规范生产,实行全程质量控制,经专门机构认定,无污染、安全、优质并使用专用标志的食用农产品及加工品。绿色食品标准包括环境质量标准、生产操作规程、产品标准、包装标准、储藏和运输标准及其他相关标准,构成一个完整的质量控制标准体系。开发绿色食品是人类注重保护生态环境、促进社会进步与经济和谐发展的产物,也是人们生活水平提高、注重生活质量和消费观念改变的产物。

(1)申请认证。绿色食品认证的申请人必须是企业或合作社法人,社会团体或民间组织、政府和行政机构等不可作为绿色食品的申请人。绿色食品认证申请人向中国绿色食品发展中心(以下简称"中心")及其所在省(自治区、直辖市)绿色食品办公室(以下简称"绿办")领取绿色食品标志使用申请书、企业及生产情况调查表等资料,上述资料、表格也可从中心网站下载。

申请人依次填写并向所在省绿办递交绿色食品标志使用申请书、企业及生产情况调查表及以下材料:保证执行绿色食品标准和规范的声明;生产操作规程(种植规程、养殖规程、加工规程等);公司或合作社对"基地+农户"的质量控制体系(包括合

同、基地图、基地和农户清单、管理制度等);产品生产执行标准;产品注册商标文本(复印件);企业或合作社营业执照(复印件);企业或合作社质量管理手册;要求提供的其他材料(通过体系认证的,附证书复印件)。

(2)受理审核。省绿办收到上述申请材料后,进行登记、编号;在5个工作日内完成对申请认证材料的审查工作,并向申请人发出文审意见通知单,同时抄送中心认证处;申请认证材料不齐全的,要求申请人收到文审意见通知单后10个工作日提交补充材料;申请认证材料不合格的,通知申请人本生长周期(指农业生产对象的生长周期)内不再受理其申请。

(3)现场检查。省绿办应在文审意见通知单中明确现场检查计划,并在计划得到申请人确认后委派2名或2名以上检查员进行现场检查。检查员根据《绿色食品检查员工作手册(试行)》和《绿色食品产地环境质量现状调查技术规范(试行)》中规定的有关项目进行逐项检查。每位检查员单独填写现场检查表和检查意见。现场检查和环境质量现状调查工作在5个工作日内完成,完成后在5个工作日内向省绿办递交现场检查评估报告和环境质量现状调查报告及有关调查资料;现场检查合格,可以安排产品抽样。

现场检查合格,需要抽样检测的产品安排产品抽样:①当时可以抽到适抽产品的,检查员依据《绿色食品产品抽样技术规范》进行产品抽样,并填写绿色食品产品抽样单,同时将抽样单抄送中心认证处。②当时无适抽产品的,检查员与申请人当场确定抽样计划,同时将抽样计划抄送中心认证处。③如现场检查不合格,不安排产品抽样。

(4)环境监测。绿色食品产地环境质量现状调查由检查员在现场检查时同步完成。经调查确认,产地环境质量符合《绿色食品产地环境质量现状调查技术规范》规定的免测条件,可免做环

境监测;根据《绿色食品产地环境质量现状调查技术规范》的有关规定,经调查确认,有必要进行环境监测的,省绿办自收到调查报告2个工作日内以书面形式通知绿色食品定点环境监测机构进行环境监测,同时将通知单抄送中心认证处;定点环境监测机构收到通知单后,40个工作日内出具环境监测报告,连同填写的绿色食品环境监测情况表,直接报送中心认证处,同时抄送省绿办。

(5)产品检测。绿色食品定点产品监测机构自收到样品、产品执行标准、绿色食品产品抽样单、检测费后,20个工作日内完成检测工作,出具产品检测报告,连同填写的绿色食品产品检测情况表,报送中心认证处,同时抄送省绿办。

(6)审核。省绿办收到检查员现场检查评估报告和环境质量现状调查报告后,3个工作日内签署审查意见,并将认证申请材料、检查员现场检查评估报告、环境质量现状调查报告及省绿办绿色食品认证情况表等材料报送中心认证处。中心认证处收到省绿办报送材料、环境监测报告、产品检测报告及申请人直接寄送的申请绿色食品认证基本情况调查表后,进行登记、编号,在确认收到最后一份材料后2个工作日内下发受理通知书,书面通知申请人,并抄送省绿办。

中心认证处组织审查人员及有关专家对上述材料进行审核,20个工作日内做出审核结论;审核结论为"有疑问,需现场检查"的,中心认证处在2个工作日内完成现场检查计划,书面通知申请人,并抄送省绿办。得到申请人确认后,5个工作日内派检查员再次进行现场检查;审核结论为"材料不完整或需要补充说明"的,中心认证处向申请人发送绿色食品认证审核通知单,同时抄送省绿办,申请人需在20个工作日内将补充材料报送中心认证处,并抄送省绿办。审核结论为"合格"或"不合格"的,中心认证处均将认证材料、认证审核意见报送绿色食品评审委员会。

（7）认证评审。绿色食品评审委员会自收到认证材料、认证处审核意见后10个工作日内进行全面评审，并做出认证终审结论。认证终审结论分为两种情况：一是认证合格，二是认证不合格，结论为"认证不合格"的，评审委员会在做出终审结论2个工作日内，将认证结论通知单发送申请人，并抄送省绿办。本生长周期内不再受理其申请。

（8）颁证。中心在5个工作日内将办证的有关文件寄送"认证合格"申请人，并抄送省绿办。申请人在60个工作日内与中心签订《绿色食品标志商标使用许可合同》后即可颁证。

（9）绿色食品质量管理。

①绿色食品合作社年度现场检查。年检规范要求所有获得绿色食品标志使用权的合作社在标志有效使用期内，每个标志使用年度均必须进行年检。年检工作由省级绿办负责组织实施，由标志监督管理员具体执行。年检主要检查合作社的产品质量及其控制体系状况、规范使用绿色食品标志情况和按规定缴纳标志使用费情况等。经现场检查，检查员将根据年度检查结果以及国家食品质量安全监督部门和行业管理部门抽查检查结果，依据绿色食品管理相关规定，做出年检合格、整改、不合格结论，并通知合作社。

②绿色食品产品年度抽样检查。所有获得绿色食品标志使用权的合作社在标志使用的有效期内，必须接受产品抽检。中心协商各绿色食品定点监测机构，在绿色食品产品标准的基础上，确定抽检产品的检测项目，主要以有毒、有害物质残留为主。产品抽检样品主要有两个来源：一是在进行绿色食品标志市场监察时同时采集，二是从合作社成品库中随机抽样。中心依据检测结果对受检合作社及产品做出产品合格、限期整改及产品不合格的结论，并通知合作社，同时通报各级绿办。各省、市、自治区委托

管理机构可在中心下达的年度产品抽检计划的基础上,结合当地实际编制自行抽检产品的年度计划,自行组织绿色食品产品抽检。委托管理机构自行抽检的产品必须在绿色食品定点监测机构进行检验,并出具正式检验报告。

2. 有机产品认证

有机产品指来自有机农业生产体系,在生产过程中遵循自然规律和生态学原理,采取有益于生态和环境的可持续发展的农业技术,根据有机农业生产要求和相应标准生产、加工,并且通过合法、独立的有机产品认证机构认证的农副产品及其加工品。有机产品最大的特点是在原料生产与产品加工过程中不使用任何人工合成的农药、化肥、除草剂、生长激素、防腐剂、合成添加剂及转基因成分等化学物质。有机产品认证范围包括种植、养殖和加工的全过程。具备一定生产规模,有较完善的质量管理体系和较强的抗风险能力的个人和单位均可向有资质开展有机产品认证的单位提出申请。此外,申请主体还需具备以下条件。第一,取得国家市场监督管理部门或有关机构注册登记的法人资格;第二,已取得相关法规规定的行政许可(适用时);第三,生产加工的产品应符合中华人民共和国相关法律法规、安全卫生标准和有关规范的要求;第四,建立和实施了文件化的有机产品管理体系,并有效运行3个月以上;第五,申请认证的产品种类应在国家认证认可监督管理委员会公布的《有机产品认证目录》内。

(1) 申请认证。申请者向有机产品认证机构提出正式申请。一方面,申请人填写有机产品认证申请书和有机产品认证调查表,签订有机产品认证合同,填写有机产品认证基本情况汇总表,并按有机产品认证书面资料清单的要求准备相关材料;另一方面,申请人提交填好的有机产品认证申请书、有机产品认证调查表以及有机产品认证书面资料清单要求的文件,提出正式申请。

第四章 合作社的运作

①有机产品认证的一般程序。生产者向认证机构提出申请和提交符合有机生产或加工的证明材料，认证机构对材料进行文件审核，随后进行现场检查获得第一手资料并编写检查报告。认证机构综合审查评估意见（认证机构根据申请人提供的申请表、调查表等相关材料以及检查员的检查报告和样品检验报告等进行综合评审，评审报告提交颁证委员会），颁证委员会做颁证决定（颁证委员会对申请人的基本情况调查表、检查员的检查报告和认证中心的评估意见等材料进行全面审查，做出同意颁证、有条件颁证、有机转换颁证或拒绝颁证的决定）。最后，进行颁证签发（颁证委员会做出颁证决定后，有机产品中心主任授权颁证委员会秘书处根据颁证委员会作出的结论在颁证报告上使用签名章，签发颁证决定）。

②有机产品生产的基本要求。生产基地在3年内未使用过农药、化肥等违禁投入品；种子或种苗来自自然界，未经基因工程技术改造过；生产单位需建立长期的土地培肥、植保、作物轮作和畜禽养殖计划；生产基地无水土流失及其他环境问题；作物在收获、清洁、干燥、贮存和运输过程中未受化学物质的污染；从常规种植向有机种植转换需2年以上转换期，新垦荒地例外；产品生产全过程必须有完整的记录档案。

③有机产品加工的基本要求。原料必须是自己获得有机颁证的产品或野生无污染的天然产品；已获得有机认证的原料在最终产品中所占的比例不得少于95%；只使用天然的调料、色素和香料等辅助原料，不用人工合成的添加剂；有机产品在生产、加工、贮存和运输过程中应避免化学物质的污染；加工过程必须有完整的档案记录，包括相应的票据。

这里需要注意：第一，有机产品生产与加工不许使用化学农药。第二，有机农产品在生产、种植或养殖过程中，绝不能使用化肥、激素等投入物，也不能使用转基因技术。有机农业一般采

取非化学方法防虫,比如天然薄荷、天然除虫菊(提取液)等天然驱虫剂,或石灰、硫黄等天然防虫物质,或苏云金杆菌等细菌、真菌防虫制剂。第三,有机食品严防添加剂的种类和用量。有机农作物的肥料一般采用有机农业体系内动物的粪便或作物废弃物,以及未受化学成分污染的废弃物进行堆肥来增添土壤肥力,也会添加通过物理法获得的矿物质,如磷、钾、镁等元素。

(2)认证的机构。有机产品认证机构(以下简称"认证机构")应当经国家认证认可监督管理委员会批准,并依法取得法人资格后,方可从事有机产品认证活动。认证机构实施认证活动的能力应当符合有关产品认证机构国家标准的要求。从事有机产品认证检查活动的检查员,应当经国家认证人员注册机构注册后,方可从事有机产品认证检查活动。

(3)认证的实施。认证机构应当自收到认证委托人申请材料之日起10日内完成材料审核,并做出是否受理的决定。对于不予受理的,应当书面通知认证委托人,并说明理由;可以受理的,将认证委托人、认证检查方案等基本信息报送至国家认证监督委员会指定的信息系统。

认证机构受理认证委托后,认证机构应当按照有机产品认证实施规则的规定,由认证检查员对有机产品生产、加工场所进行现场检查,并应当委托具有法定资质的检验检测机构对申请认证的产品进行检验检测。按照有机产品认证实施规则的规定,需要进行产地(基地)环境监(检)测的,由具有法定资质的监(检)测机构出具监(检)测报告。

符合有机产品认证要求的,认证机构应当及时向认证委托人出具有机产品认证证书,允许其使用中国有机产品认证标志;对不符合认证要求的,应当书面通知认证委托人,并说明理由。

认证机构应当保证认证过程的完整、客观、真实,并对认证过程做出完整记录,归档留存,保证认证过程和结果具有可追溯

第四章 合作社的运作

性;产品检验检测和环境监(检)测机构应当确保检验检测、监测结论的真实、准确,并对检验检测、监测过程做完整记录,归档留存。产品检验检测、环境监测机构及其相关人员应当对其做出的检验、检测或监测报告的内容和结论负责。认证机构应当按照认证实施规则的规定,对获证产品及其生产、加工过程实施有效跟踪检查,以保证认证结论能够持续符合认证要求。

认证机构应当及时向认证委托人出具有机产品销售证,并保证获证产品的认证委托人所销售的有机产品类别、范围和数量与认证证书中的记载一致。认证证书有效期为1年。

认证证书内容应当包括:认证委托人的名称、地址;获证产品的生产者、加工者以及产地(基地)的名称、地址;获证产品的数量、产地(基地)面积和产品种类;认证类别;依据的国家标准或者技术规范;认证机构名称及其负责人签字、发证日期、有效期。

获证产品在认证证书有效期内,有下列情形之一的,认证委托人应当在15日内向认证机构申请变更:认证委托人或者有机产品生产、加工单位名称或者法人性质发生变更的;产品种类和数量减少的;其他需要变更认证证书的情形。认证机构应当自收到认证证书变更申请之日起30日内,对认证证书进行变更。

有下列情形之一的,认证机构应当在30日内注销认证证书,并对外公布:认证证书有效期届满,未申请延续使用的;获证产品不再生产的;获证产品的认证委托人申请注销的;其他需要注销认证证书的情形。

有下列情形之一的,认证机构应当在7日内撤销认证证书,并对外公布:第一,获证产品质量不符合国家相关法规、标准强制要求或者被检出禁用物质超标的;第二,获证产品生产、加工活动中使用了有机产品标准禁用物质或者受到禁用物质污染的;第三,获证产品的认证委托人伪造、虚报、瞒报获证所需信息

的；第四，获证产品的认证委托人超范围使用认证标志的；第五，获证产品的产地（基地）环境质量不符合认证要求的；第六，获证产品的生产、加工、销售等活动或者管理体系不符合认证要求的，且在认证证书暂停期间，未采取有效纠正措施的；第七，获证产品在认证证书标明的生产、加工场所外进行了再次加工、分装、分割的；第八，获证产品委托人的相关方有重大投诉且确有问题，而未能采取有效处理措施的；第九，获证产品的认证委托人从事有机产品认证活动因违反国家农产品、食品安全管理相关法律法规，受到相关行政处罚的；第十，获证产品的认证委托人拒不接受认证监管部门或者认证机构对其实施监督的。

获证产品的认证委托人提供虚假信息、违规使用禁用物质、超范围使用有机认证标志，或者出现产品质量安全重大事故的，认证机构5年内不得受理该委托人及其生产基地、加工场所的有机产品认证委托。

（4）监督管理。认证监管部门的监督检查的方式包括：对有机产品认证活动是否符合本办法和有机产品认证实施规则规定的监督检查；对获证产品的监督抽查；对获证产品认证、生产、加工、进口、销售单位的监督检查；对有机产品认证证书、认证标志的监督检查；对有机产品认证咨询活动是否符合相关规定的监督检查；对有机产品认证和认证咨询活动举报的调查处理；对违法行为的依法查处。

认证委托人对认证机构的认证结论或者处理决定有异议的，可以向认证机构提出申诉，对认证机构的申诉处理结论仍有异议的，可以向国家认监委申诉。

任何单位和个人对有机产品认证活动中的违法行为，可以向国家认证监督管理委员会或者地方认证监管部门举报。国家认证监督管理委员会、地方认证监管部门应当及时调查处理，并为举报人保密。

3. 地理标志产品质量认证

地理标志产品质量认证是农产品质量认证的一种重要形式，它主要依托特定地理区域的自然环境和人文历史条件，通过特定的生产工艺和制度，形成了独特品质和特征的产品。它们凭借独特的地理标志，在市场上具有一定的竞争力和商业价值。

（1）认证流程

①提交申请。产品所在地的相关组织或企业，如团体、协会等，需向当地质量监督部门或地理标志产品保护机构提交申请。这是认证流程的第一步，也是至关重要的一环。申请材料应详细阐述产品的地域特色、品质特征、生产工艺及产品与地理标志的关联性等方面。这些材料需充分证明产品符合地理标志产品的认定标准，包括产品的名称、产地范围、质量特色、生产工艺等关键信息。

②初步审查。质量监督部门或地理标志产品保护机构将对申请材料进行初步审查，确认材料是否齐全、是否符合法定形式。技术审查：通过初步审查后，相关部门将组织专家对申请进行技术审查。审查内容包括产品的地域来源、品质特性、生产工艺等多个方面，确保产品的真实性和符合性。这一环节可能会涉及实地考察、产品检测等环节，以全面评估产品的品质和特色。

③公示。审核通过后，申请产品将在官方渠道进行公示，接受社会各界的监督。公示期通常为一段时间，如2个月，以确保认证过程的透明度和公信力。公示期间，任何单位或个人都可以对申请产品提出异议或意见。这有助于确保认证过程的公正性，防止虚假或不符合标准的产品获得地理标志产品认证。

④批准。公示无异议后，由国家质量监督检验检疫总局或相关机构对申请产品进行最终审查。审查合格后，将进行注册登记并发布公告。最终审查合格后，国家质量监督检验检疫总局或相关机构将正式颁发地理标志产品认证证书。这标志着产品正式获

得了国家地理标志产品的身份和官方保护,可以享受地理标志产品带来的权益和声誉。

(2)认证要求

①地域特色。产品必须产自特定地域,这是地理标志产品认证的核心要求之一。产品的品质、声誉等特征应与该地域的自然环境、人文因素等紧密相关,体现产品的独特性和地域特色。申请材料中应详细阐述产品与地理标志的关联性,包括产品的产地范围、质量特色与产地的自然因素和人文因素之间的关系等。

②品质标准。产品的生产工艺必须符合相关标准和要求,包括生产工艺的传统性、独特性等方面。这有助于确保产品具有稳定的品质和独特的口感或风味。产品的原材料应来自特定的地域范围,且质量符合相关标准。原材料的地道性是确保产品品质的重要因素之一。

③法规遵循。产品必须符合国家相关法律法规的规定,无质量安全问题。这是产品进入市场的基本前提,也是保护消费者权益的重要保障。生产者应建立完善的质量管理体系,确保产品符合地理标志产品的品质要求。同时,相关部门也应加强对地理标志产品的质量监管力度,确保产品的品质和声誉得到持续维护。

(三)农产品品牌建设

农产品品牌是指在农产品上开发的品牌元素及其在相关利益者(包括顾客、员工、竞争对手、合作伙伴等)心目中建立起来的认知、联想和偏好经由一系列相关符号体系的设计和传播,形成特定的消费者群体、消费联想、价格体系、传播体系等因素综合而成的特定整合体。该整合体起源于农产品的独特识别和差异化,并经由各相关利益者认知、认同甚至忠诚、信仰。因此,一个农产品品牌应有一个属于它的农产品,并以各类质量认证及商标等形成一系列整合的符号体系,经由对产品与符号体系的创建,到达消费者及其相关利益者的认同,才能形成一个独特的农

第四章 合作社的运作

产品品牌。而品牌建设是在市场经济条件下，合作社通过全方位整合其经济与文化资源，以提供优质服务为载体，以强化差异和特色为重点，努力确立社会对其产品品牌的认知和肯定，以寻求竞争优势的经营战略建设。21世纪是品牌经济的世纪，在全球经济基本处于买方市场的情况下，市场竞争更多地表现为品牌的竞争，品牌意味着高附加值、高市场占有率、高利润。

（1）合作社实施农产品品牌建设的意义在于。第一，合作社农产品品牌建设有助于增强产品市场竞争力，扩大农产品销售量。从我国农产品市场的发展趋势来看，农产品市场即将进入"品牌时代"，消费者将越来越关注农产品的质量、安全性等特性，实施农产品品牌建设，可以通过农产品的品牌信息充分、清楚地标识产品的质量与安全性，从而提高农产品的市场影响力和竞争力，扩大农产品的销量，提高经济效益，增加成员收益。此外，合作社采取品牌策略，以品牌形象面向市场，用品牌将合作社和产品的综合信息"一揽子"传递给消费者，可以起到降低合作社宣传和产品推介成本的作用，达到事半功倍的效果。第二，合作社农产品品牌建设有助于有效规避农产品市场风险，增加合作社盈利和成员的收入。农产品以品牌的形象进入市场，有利于建立长期稳定的销售渠道和网络，而且长期稳定的销售渠道和网络有助于保持农产品销售量的稳定，还可以发展订单式农产品，有效规避农产品的市场风险。第三，农产品品牌化有助于降低消费者的购买风险。品牌农产品以合作社信誉作出承诺，以品牌作为质量标志，降低消费者的购买风险。对消费者来说，农产品品牌化有助于消费者了解农产品质量，区别选购农产品，形成品牌消费习惯，稳定合作社的消费群。第四，农产品品牌化有助于推进农业农村现代化和产业化，走规模效益之路。实施农产品品牌化建设，加强与提高农产品的生产与管理水平，不仅有助于提高生产经营者的管理素质和技术素质，加快技术进步，有助于优化

资源配置,促进产业结构优化,还可以农产品品牌建设为突破口,改革传统生产方式和管理手段,实现发展经济、保护环境、提高消费者健康水平的目标。

(2)合作社农产品品牌化建设如何进行?简单地说有以下几个步骤。第一,找准产品品牌定位。品牌定位是合作社构筑品牌的前提和基础,合作社在构筑品牌之初若有明确的产品品牌定位,会对品牌建设起到事半功倍的作用。合作社的产品品牌定位首先需要对农产品消费市场进行分析,加强做好市场调研工作并根据自身优势,确定自身适当、合理的市场位置,进而确定一个符合消费者需求的、有强竞争力的产品品牌定位,从而使自己的农产品在消费者的心目中占据一个有利的位置,当某种需要一旦产生,消费者就会立即想到合作社的某一产品品牌。合作社产品品牌建设需要重点做好以下两方面的工作。

①做好市场调研工作,确定品牌定位。市场调研是合作社了解市场现状、消费者特点、消费者需求、竞争对手情况等信息的有效手段。只有做好了市场调查才能够使品牌定位具有科学性、合理性。具体地说,某一农产品要进行品牌化建设时,需要全面深入地进行该类农产品市场消费情况调查(消费者的特点、需求、嗜好等),消费者对该类农产品已有品牌的认识调查,对已有品牌的态度调查、使用情况调查及满意度调查,竞争对手的生产经营情况、品牌建设情况(成功与不足)等一系列的调查,从而依据自身的优势寻找品牌建设的突破口。对于合作社来说,如果自身没有做这类市场调研的能力,可以借助政府机构或专业非营利机构来做,在一定程度上可以保证调研结果的可靠性。

②发展当地特色农业,强化品牌优势。农业生产对自然环境的依赖性较强,不同地域的自然环境和优势资源的差异,造就了农产品的区域特色。在一定特色产业或主导产业基础上建立的合作社,应充分配置整合当地优势资源,发展特色农业,积极注册

第四章 合作社的运作

有地域特色的产品商标。合作社可以选择"价格、品种、地域"特色为农产品品牌发展方向，通过市场细分，在品牌定位的基础上，深度挖掘、充分利用好当地的自然、文化与历史等地域资源，丰富农产品的内涵，与竞争对手在价格、种类、文化、地域特色等方面加以区分，避免与同行或强势品牌进行正面的激烈竞争。

第二，提升农产品质量。质量是产品的生命之源。对于合作社而言，品牌建设更多的应该关注农产品的质量，要吸引消费者成为忠诚的顾客，根源于品牌标志下的产品有卓越的质量。目前越来越多的合作社已引进各种质量标准管理体系来提高和监控产品质量，将产品质量放在了关系合作社发展生死攸关的位置上，这是明智之举。提升农产品质量主要包括如下。

①生产中要逐步建立产品质量标准体系。农产品质量标准体系指以质量控制为核心，以市场为导向，以生产技术为动力，以标准化生产为基础，以农产品的认证制度为重点，建立农产品生产、加工、贮藏、包装、运输、配送及销售的全过程操作环境和质量安全控制等各方面的标准体系（条件不成熟的合作社可以从生产开始逐步建立产品质量标准体系），对农业生产的产前、产中、产后各环节进行标准化管理，实现与行业、国家、国际相配套的标准体系。建立产品质量标准体系，合作社应强化质量控制意识，把质量控制与品牌建设相结合，努力按照质量标准体系的要求对农产品生产与加工进行全面监控管理，确保农产品的质量与安全，让消费者放心消费。质量标准体系主要由三个管理系统构建而成：一是农产品经营系统，包括进货管理、销货管理、库存管理；二是监管系统，包括从农业生产资料的投入、农产品的生产、检验、加工及流通环节（产品出库审批管理、库存预警管理、产品过期预警管理等）都要进行有效的跟踪与监督管理；三是政府相关部门与合作社的互动系统，包括产品质量标准确认、

产品质量检验、产品许可证验证管理、产品的质量监管等。

该管理体系加强了合作社规范生产经营行为的养成，同时监管部门能及时掌握各个可能存在安全隐患和出现问题的环节，保证产品流向可追溯、储运信息可查询，做到使追溯精确，监管长效，形成"产供销一体化"的农产品质量安全信息管理体系，将农产品管理工作从被动应付向源头管理、主动控制转变，从而逐步走上规范化、科学化的发展轨道，为合作社打造品牌产品提供了有力的支撑。

②进行产品质量认证。产品质量认证主要解决产品安全确认和高标准市场准入问题，因此合作社获得产品质量认证是获得市场及消费者高标准认可的前提。要获得农产品的安全、绿色等各种认证，一方面要提高农产品的技术含量，合作社可借助外部科技力量（政府、龙头企业、农业院校和科研院所的技术支持）来提高自身生产技术水平。另一方面积极自主挖掘农业生产科技潜力，不断提高农产品生产的技术水平，在此基础上进一步实施绿色、有机、地理标志农产品的生产技术，发展绿色、有机、地理标志农产品生产，获得绿色、有机、地理标志农产品质量认证，这样就能够确实、有效地增强市场竞争力，扩大农产品在市场上的认知度，这是创立农产品名优品牌的重要保障。

第三，开拓农产品品牌传播渠道。在保持传统模式"生产者－批发商－零售商－消费者"的农产品销售和品牌传播渠道的前提下，要积极探索和实践新的农产品分销传播渠道。

①公关传播方式。对于合作社来说，资金短缺是品牌传播最大的瓶颈，因此合作社品牌传播的首要传播方式是公关传播，而非广告传播。公关传播是指合作社主要通过人际传播，辅之以少数大众媒介手段，向其外部公众传递有关合作社及其产品等各方面信息的过程。公关传播能为合作社塑造一个良好的生产经营形象，进而赢得消费者和客户的好感和信任，而好感和信任是选择

第四章 合作社的运作

一个合作社产品品牌的主导性因素。

②终端传播方式。"终端"通常指的是商品零售卖场,即商场、超市、零售店等出售商品的场所。作为商品与消费者面对面的展示和交易的场所,终端是产品销售的最终环节,也是对消费者购买行为产生很大影响的环节。因此,终端传播对农产品品牌的建设起着重要作用。

消费者能够直接接触产品的地方就是产品流转的终端环节,而合作社的产品也往往只能通过终端环节让消费者了解。由于当前合作社的实力所限,合作社的农产品无法频繁地出现在电视广告中,消费者对合作社农产品的了解往往只能通过终端环节,因此终端传播建设的好坏会给消费者留下品牌优劣的决定性印象。为建设好终端传播,合作社应发展自己的终端店面,同时培养部分成员成为训练有素、形象良好、热情干练的销售人员或者服务人员,这些销售人员或服务人员不仅是产品销售的保证,也是品牌传播的重要媒介,会给消费者留下深刻的印象,也会提高品牌的美誉度和忠诚度。

合作社的终端店面也可以通过与农产品生产企业、大型知名连锁企业和超市的对接合作来构建,实现农产品"从农田直接到店面"的直销专卖,减少农产品的中间流通环节、加快流通速度、减少损耗、提高流转效率、降低流转成本、形成规模经济效益,同时以更具竞争力的价格将产品直接呈现给广大消费者,从而更快、更有针对性地把农产品及其品牌信息广泛地传播开来。此外,与大型销售企业对接还有利于保证合作社农产品的质量、卫生和安全,杜绝假冒伪劣产品流向市场,保护了合作社产品品牌的声誉。

③互联网传播方式。当前,互联网已深刻地影响和改变着消费者的生活,合作社的品牌传播可以充分利用互联网,因为互联网的及时性、快捷性和互动性也使合作社能够及时快速地了解市

场（消费者）对品牌的态度以及反馈的意见和建议，可以适时地进行调整、修正，从而在品牌建设中少走弯路和缩短品牌的建设周期。若合作社刚起步，或者规模较小，可以在网上开一个网店，宣传或短距销售本社农产品（宜短距离销售的农产品）。目前，依托网络平台，拥有数量巨大的消费群体，而且这个群体的数量每年正在以极快的速度增加。在合作社没有资金和实力独立建设电子商务网站时，借助现成的网络交易平台是不错的选择，既可以传播品牌，又可以将订单营销与网络营销结合，打通多种营销渠道，开拓品牌营销市场空间。

第四，积极争取当地政府的扶持。《合作社法》规定，"政府有义务支持和引导合作社的健康发展，中央和地方财政应当分别安排资金，支持合作社开展信息服务、农产品质量标准认证、品牌营销和技术推广等"。政府对农产品品牌建设的扶持，应在宣传倡导、财政补贴、产品评比与宣传等宏观层面的基础上，更多地采取有针对性的具体措施来引导和扶持合作社进行产品品牌建设。品牌建设中，关键是要落实资金扶持政策，地方政府根据国家的支农、惠农政策落实农产品品牌建设的配套资金，并且合理配置扶持资金，重点投入品牌标准化生产、品牌质量监督、品牌产业发展等方面。在检测方面，应建立并完善区域农产品检测中心等监测机构，做好农产品入市前的质量检测工作，提高农产品品牌的社会公信力。

在扶持合作社进行产品品牌建设过程中，地方政府还应合理引导合作社加强优质品种的选育与推广，促使合作社加大优质品种的生产或种植规模，提高产品品质，加速产品品牌化建设。品牌宣传方面，政府可以收集和传递市场信息、整合当地资源、为合作社与龙头企业、下游商家、超市间的协作经营牵线搭桥并通过农产品会展、农业观光业等品牌宣传平台，积极组织合作社进行品牌推广和宣介活动，组织品牌建设培训和专家指导农业科技服务等。

二、生产经营计划的制定

生产经营计划是指合作社在一定时期内,以市场为导向,根据合作社内、外部环境和条件的变化并结合当前和长远的发展需要,合理配置人力、物力和财力等各项资源,全面筹划合作社的各项农业生产经营活动以达到预期目标。

(一) 生产经营计划的内容

1. 市场调查与预测

合作社的生产经营活动应以市场为导向,因而合作社在制定生产经营计划时,首先要进行市场调查与预测,确定生产经营战略目标,并拟订具体的生产经营方案。

市场调查与预测主要包括:市场区域及其特征、市场容量、目标市场、目标消费群体、本社产品的市场地位、竞争者产品的市场地位、可能面临的各项风险(自然风险、市场风险、经营风险、财务风险等)以及风险发生可能性的大小等。

2. 产品计划

它是指通过调查研究,在了解市场、消费者需求、竞争对手、风险以及市场和技术发展动态的基础上,根据合作社自身实际情况和发展方向,制定出可以把握市场机会、满足消费者需求的产品计划。产品计划的内容包括产品种类、数量,产品质量标准等。

3. 生产计划

产品计划确定后要进行生产计划。生产计划是在产品生产过程中,依据产品计划对所需生产设备、设施、农资、技术、资金、劳动力等方面的要求以及对生产进度进行整体规划。主要是要解决合作社如何开展生产活动、如何保证产品质量以及生产周期长短的问题。生产计划主要包括:预计生产所需的农资或原辅料、农资或原辅料的采购计划、生产场地、生产设备、质量保证、生产技术要求、劳动力分配、生产进度安排、长期增产计划、人员与机械设备补充安排等。

4. 销售计划

销售计划它是指合作社综合考虑自身的发展和现实市场行情制定的针对部门、人员的关于某一时间范围的销售指标（数量或金额），以此为标准来指导相应的生产作业计划、采购计划、资金筹措计划以及相应的其他计划安排和实施。制定销售计划，必须遵照以下基本原则：结合本合作社的生产经营情况；结合市场的需求情况；结合市场的竞争情况；结合上一销售计划的实现情况；结合销售队伍的建设情况；结合竞争对手的销售情况等。

依据上述原则，合作社确定生产的产品种类、目标市场及目标消费者等，随后可制定销售计划，主要内容包括：决策产品的销售价格与数量、拟定营销成本上限、选择营销渠道、选择营销传播方式、分配营销人员、制定营销管理方案等。

5. 财务预算

财务预算反映了合作社在未来一定预算期内的预计财务状况和经营成果，以及现金收支的价值指标。财务预算应对合作社生产经营所需的全部资金进行全面详细的量化、分析，制定出资金的需求和使用计划。计划制定时要分项列出土地的租赁费用、建设仓库或厂房的总造价、生产设备的总投资、生产经营中各种投入品的价格与数量、生产流动资金、生产经营与管理中人员的工资、生产经营中应缴的各种税费、生产经营的期间费用等。财务预算要对合作社生产经营所需要的全部资金进行分析、比较、量化，制定出资金需求和资金分阶段使用计划。制定财务预算计划要尽可能做到细致、准确、全面，不漏项、不低估、不高估。分阶段资金使用计划要详细，还要适当考虑一些不可预见的因素。有条件的合作社可以进行财务预算分析，其主要内容包括：生产

第四章 合作社的运作

费用预算、期间费用预算、直接材料预算、直接人工预算、产品成本预算、制造费用预算、期末存货预算、经营决策预算、销售预算、管理费用预算、现金预算分析。

(二) 生产经营计划制定中应注意的问题

(1) 计划应符合合作社生产经营的内、外部现实条件。在制定计划时,要对计划是否适合合作社生产经营的内、外部条件进行分析,内容包括:合作社所在地的自然条件是否适合合作社开展生产经营计划、当地政府的态度、生产经营计划所需资金能否获得、合作社成员是否团结、计划是否能顺利实施等。总之,在制定生产经营计划时,要做到心中有数、计划要符合实际,要切实可行。

(2) 生产经营计划的制定要根据合作社的实际情况,适时论证、调整。论证、调整时应依据合作社生产经营的情况,回答以下几个方面的问题:本计划的制定时限是否适当,本计划所需人力、物力和财力资源能否获得,本计划能否筹到全部预算所需资金,本计划在财务上能否实现盈利,本计划在操作上是否可行等。上述问题概括起来,可以归纳为三个方面:一是生产技术;二是市场因素;三是财务能力。其中财务能力,即生产盈利的可行性问题,是整个生产经营计划的核心。其他方面的问题都围绕此核心,并为此核心提供各种计划方案。合作社生产经营中常常会遇到不可测或不可预见的问题,因而生产经营计划应有替代方案来化解潜在的各种风险。如合作社的能力弱,尚不能完成生产经营计划及替代方案的制定,可进行专业咨询。专业咨询是指向提供专业知识服务的机构 (或个人) 就某专业领域里的具体问题进行咨询。一般应咨询有关农业生产领域的咨询机构,如当地农业农村局、农业学校或农机学校、专家等,除采用答复式咨询形式外,也可向咨询机构提出申请,促其举办相关合作社生产经营及管理的专业培训班或编辑出版各种书刊资料进行宣传指导,或

者申请由该咨询机构代理某些专业服务（替代方案的制定等）。

（3）生产经营计划制定要因势利导、量力而行。合作社要根据自己的实际情况，综合考虑经营计划，因地（时）制宜、稳步推进，不要把计划经营的摊子铺得过大。要脚踏实地，稳扎稳打，一步一个脚印地把生产经营计划完成。要先进行计划的小规模实施，然后循序渐进、逐步推进、量力而行，从而为合作社的发展壮大打下了坚实的基础。

（4）生产经营计划制定要有合作社自己的特色。制定生产经营计划时，要充分利用合作社自身及其所在地的资源禀赋，要有区域特色，同时还要有合作社自己的特色，产品要有一定的科技含量，要有一定的创新，这样生产经营计划有合作社自己的特点和优势，计划才能达到实效，否则在激烈的市场竞争中，合作社会很难存续下去。实践中，许多成功的生产经营计划不仅突出了当地的农业特色，而且突出了合作社自己的特色，并且具备系列生产或经营的专门技术。

（三）生产经营计划的实施

1. 筹集资金

合作社在实施生产经营计划之前，需要筹备所需资金，资金是生产经营计划的物质基础，也是生产经营计划成功实施的必要保证。合作社资金的主要来源是成员入社时缴纳的股金，但仅靠成员缴纳的股金不足以满足合作社生产经营所需，因此可向银行、农村信用社等金融机构融资以筹集足够资金。此外，还可通过向政府申请补助来筹集资金。

2. 组织人员

合作社明确了经营目标、经营模式，制定了生产经营计划，资金也筹措到位，下一步就要选择最佳的人员并对人员进行有效的组合。如果合作社有一个充满活力和凝聚力、具有协调性、开拓性和团结协作的团队，那么这个合作社就能极大地调动每个成员的工作

第四章　合作社的运作

积极性，就能顺利地完成各项生产经营计划。选择最佳的人员并对人员进行有效组合应遵循以下原则。第一，精简、高效、节约原则。选择人员时要精简，组合人员时要能提高工作效率。完成计划时要节约合作社的管理、运行成本，要简化管理层次和简化业务手续，使计划得以顺利高效地完成。第二，风险共担、利益共享原则。计划实施过程中，可能因驾驭合作社生产经营的经验不足，难免在激烈的市场竞争中出现差错、遭受损失，成员应有充分的心理准备。成员之间要做到共进退、同甘苦、形成凝聚力，这样才能在激烈的市场竞争中立足，赢得市场，获得收益。第三，坚决执行计划原则。计划一旦被成员大会认可，就要坚决执行，过多地考虑亲情、友情、人情，那么一切制度就会被束缚，花了人力、物力、财力制定的生产经营计划就等于白费了。

3. 选择经营场地

经营场地的选址定位对于合作社的生存发展至关重要，所处地理位置在某种程度上影响着合作社能否成功经营。选址时应综合考虑几方面：能否供水、供电、供气；通信以及交通是否便利；所选区域的自然地理环境是否有利于合作社开展生产经营活动；选址离消费市场的距离是否合理；场地租金是否划算等。

4. 经营准备

根据计划制定生产工作规程；购置生产经营活动所需的生产设备、原辅料、农资等生产资料；开展生产经营活动前，对全体成员统一进行入职培训；根据合作社的生产经营业务设置相关生产与管理工作岗位，配备工作人员，对工作内容进行分工，明确各工作岗位的权责。

三、生产经营风险的识别与防范

（一）生产经营风险的识别

（1）生产经营风险是指合作社在一定时期内和一定客观条件

下，生产经营过程中某种损失发生的可能性。合作社在生产经营活动中，会遇到各种不确定性事件，并且难以事先预知这些事件发生的情况及其影响程度，从而导致合作社出现损失的可能性。

（2）生产经营风险产生的原因及其种类。合作社的生产经营活动受自然条件、市场经济、社会环境、技术等因素影响，合作社生产经营中将会面临自然、市场、社会、技术等方面的风险，即自然风险、市场经济风险、社会风险和技术风险等。

（二）生产经营风险的防范

1. 加强自然风险防范能力

提高水资源、土地资源的利用率，加强农业生产、水利工程等基础设施的建设，增强抗涝抗旱能力；同时加强与气象部门的联系，设立多渠道农业气象信息传播途径，做好农业自然灾害的防御工作。

2. 提高组织化程度，降低市场风险

目前多数合作社仍处于发展的初级阶段，发展规模小，农户参与率低，生产方式仍然停留在生产链条的最底端，市场谈判地位的提升空间受限，在市场竞争中不具备明显竞争优势，难以防范瞬息万变的市场风险。因而需要不断提高合作社的组织化程度，将更多分散的农户组织起来，实现规模经济，降低生产经营与市场运营成本，增强市场竞争力，提高市场谈判能力，从而有效地降低市场风险。同时，随着组织化程度的提高，经营规模的扩大，实力的增强，合作社将更有条件引进新技术与新设备，提高合作社生产经营效率，降低单位产品的生产成本，增强市场竞争力，也能在一定程度上降低市场风险。

3. 加强技术培训，降低技术风险

由于绝大多数成员文化素质不高，缺乏对标准化、规范化生产的认识和了解，合作社可通过培训来提高成员的生产技能，增强成员的产品标准化生产意识，彻底摆脱长期以来形成的传统农

第四章 合作社的运作

业的生产方式和方法的影响，让成员掌握先进、实用的生产技术，从而有效地开展产品标准化、规范化生产，以降低技术风险。

关于培训，合作社可多与当地相关部门联系，以获得这些部门的技术培训指导。通过技术培训指导，合作社可逐步形成一套适合自己的生产经营规程，并确保各项操作规程落到实处，实现有效、安全地生产，尽最大努力消除风险隐患。安全生产中提高技术与设备的利用率与经济效益，最大限度降低技术风险。

第三节 成员的教育与培训

一、教育与培训的原则

教育与培训要注重实效，不要走形式。所谓实效，简单地说就是要在最短的时间内达到最好的效果。合作社教育与培训的对象包括普通成员与合作社管理人员，普通成员的培训以农产品生产技术为主，合作社管理人员的培训以合作社经营管理知识和政策法规为主。结合合作社自身的特点规划自己的专业设置和课程体系，明确合作社教育培训的承担机构并加强联系，确保合作社教育培训工作长期、有效、持续地进行。

合作社的教育培训要与合作社当前的生产经营及未来的发展相结合，做到有组织、有计划，重要的学习内容可随时安排培训、学习。教育与培训要有考勤和测试，对学习成绩优秀者给予一定的物质奖励，对不积极者给予一定的处罚。通过教育培训，不断提高成员的互助合作精神、推广先进的生产技术，同时提升成员的市场意识、增强市场参与能力，最终提高合作社生产经营效率及成员的收入水平。

二、教育与培训的方式

合作社教育是为合作社事业的发展服务的，教学上应突出其有效性与实用性。通过灵活多样的教学方式，如案例教学、田间教学、现场教学等，鼓励学生参与讨论、交流和进行实践，提升教学效果。具体的教育与培训的方式如下。

（1）实例教学。

（2）田间教学。

（3）生产现场教学。

（4）集中培训与个人自主学习相结合。

（5）专题学习培训与广泛参与培训相结合。

方法上可以采取短期进修、参观考察等多种灵活的形式，鼓励成员参与讨论、相互交流和进行实践，提升教学效果。适当考虑推行资格认证制度，对合作社理事会、监事会、经营管理层人员逐渐采取资格认证上岗制度。

当前，我国具有多种可利用的农业教育培训资源，包括高等农业院校、农业广播电视学校、农业职业技术学院、供销合作社系统院校以及农业干部教育培训体系的院校，可以聘请这些学校的专业教师或研究人员为合作社提供教育培训服务，也可以组织学员到这些院校进修。此外，还可以组织学员到优秀的合作社参观考察，取长补短，学习别人的先进经验可以少走弯路，实现快速发展。

三、教育与培训的内容

（1）合作社的发展历程。

（2）国外合作社的发展及成功经验。

（3）合作社的基础知识。

（4）合作社的章程与管理制度。

(5) 合作社的经营运作。

(6) 合作社的金融与信贷。

(7) 农产品市场营销和农产品贸易。

(8) 农业生产及种养技术。

(9) 国内合作社的典型案例（成功与失败案例）。

(10) 合作社的法律法规政策及其最新动态。

(11) 涉农法律法规。

(12) 法律维权知识。

(13) 农产品品牌建设。

合作社教育旨在提升合作社自我发展能力和市场竞争能力。综观各国合作社教育的内容，既包括合作意识的培养、合作社知识的了解，又包括合作社管理、合作社经营等方面的知识与技能，还包括市场营销、现代农业技术等增强合作社竞争能力的内容。如韩国农协教育培训机构根据各自的职能和培训对象，开办了技术教育、文化教育、素质教育等各种类型的课程和培训班，教学内容主要是经营管理、农产品流通、金融信贷、农协组织管理、新兴农业生产技术、家政知识、健康知识、汽车修理等，学员毕业后到农协基层组织中去任职，大大提高了合作社的专业技术管理水平。美国合作社教育的内容重点是增强人们对于合作社原则和实践的理解，将合作社的组织原则在农村各类事务中更广泛地应用；此外，还特别注重提升合作社领导人、雇员以及成员制定商业计划的能力；不断提升合作社财务运营能力和市场营销水平，最终实现增强合作社实力、提高成员收入的目的。

我国的合作社教育培训大多还处于起步、探索阶段，还不能做到像发达国家那样规范且成体系，合作社的教育与培训解决最紧迫的问题。就当前合作社发展的内、外部环境来看，合作社的教育与培训要以提高农产品生产技术为主，要逐步实现标准化生产，要生产出安全、高质量的农产品。此外，合作社管理人员的

培训也是一项重要的内容,培训要以合作社生产经营管理知识和政策法规以及农产品市场营销为主,并逐渐与合作社金融与信贷、农产品贸易、国外合作社发展介绍等方面的教育培训内容相结合。

第四节 合作社的合并、分立、解散和清算

一、合并

合作社合并包括吸收合并和创新合并两种形式。前者是指两个以上的合作社合并时,其中一个合作社因吸收了其他合作社而成为存续合作社的合并形式;后者是指两个或两个以上的合作社通过合并创建另一个新合作社。

吸收合并举例说明:现有甲、乙、丙三个合作社,为扩大生产经营规模,三个合作社决定合并,甲合作社吸收合并乙合作社与丙合作社,成立一个新的甲合作社(甲合作社称为存续合作社)。甲合作社继续存在,而乙、丙合作社失去法人资格。

创新合并举例说明:现有甲、乙、丙三个合作社,为扩大生产经营规模,三个合作社决定合并,通过合并设立了另一个新合作社——A合作社。合并后,合并各方,即原甲、乙、丙三个合作社都失去法人资格。

依据《合作社法》的规定,农民专业合作社召开关于合作社合并的成员大会,出席会议人数应达到成员总数的2/3以上,并经2/3以上成员表决同意才能通过;成员大会应书面形成合并决议,全体出席会议的成员在合并决议上签章。

《合作社法》规定,农民专业合作社应自合并决议做出之日起10日内通知债权人。合并各方的债权、债务应当由合并后存

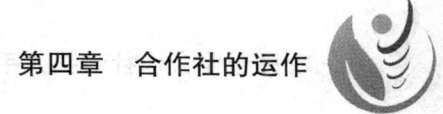

第四章 合作社的运作

续或者新设的组织承继。

合作社合并的程序如下。

第一,成员大会做出合并决议。有意向合并的合作社,成员大会应就是否合并、如何合并等事项做出决议。《合作社法》规定,成员大会做出合并的决议,应当由本社成员表决权总数的2/3以上通过,章程对表决权数有较高规定的,从其规定。

第二,依法签订合并协议。有意向合并的合作社成员大会表决同意合并后,合并各方协商一致后签订合并协议。合作社合并协议是两个或者两个以上的合作社,就有关合并事项达成一致意见的书面表示形式,各方合作社签名、盖章后,就产生法律效力。合并协议一般应有如下内容:合并各方的名称、住所;合并后存续合作社或新设合作社的名称、住所;合并各方的债务、债权处理办法;合并各方的资产状况及其处理办法;存续或新设合作社因合并而新增的股金总额;合并各方认为需要载明的其他事项。

第三,通知债权人。《合作社法》规定,合作社合并,应当自合并决议做出之日起10日内通知债权人。

第四,依法进行登记。合作社合并后,应当及时向工商行政管理部门办理有关法人登记手续。吸收合并后存续的合作社,应当依法办理合作社设立登记;合并后解散的合作社,应当依法办理注销登记。

第五,合并登记。因合并而存续的合作社,保留法人资格,但应办理变更登记;因合并而被吸收的合作社,应办理注销登记,取消法人资格;因合并而新设立的合作社,应办理设立登记,取得法人资格。

二、分立

合作社分立指一个合作社依照《合作社法》的规定,通过成员大会决议分成两个以上的合作社。合作社分立包括存续分立和解散分立两种形式。存续分立是指一个合作社分离成两个以上合作社，原合作社继续存在，从原合作社分离出的一个或一个以上的新合作社重新设立；解散分立是指一个合作社分离为两个以上的合作社，原合作社解散并设立两个或两个以上新合作社。

存续分立举例说明：甲合作社分立为两个合作社，原甲合作社继续存在，也继续保留其法人资格；新的乙合作社登记注册取得法人资格，成为新设立的合作社。

解散分立举例说明：甲合作社解散分立为乙、丙两个合作社，原甲合作社失去法人资格；乙、丙两合作社为新成立的合作社，登记注册取得法人资格。

依据《合作社法》的规定，合作社召开关于分立的成员大会，出席会议人数应达到成员总数的 2/3 以上，并经 2/3 以上成员表决同意才能通过；成员大会应书面形成分立决议，全体出席会议的成员在分立决议上签章。

《合作社法》规定，合作社分立时，其财产做相应的分割，并应当自分立决议做出之日起 10 日内通知债权人。分立前的债务由分立后的组织承担连带责任；若事先未与债权人达成协议的，则应由分立后的组织相互连带对分立前的债务承担责任。但是，在分立前与债权人就债务清偿达成的书面协议另有约定的除外。

分立程序如下。

第一，成员大会按章程规定表决同意分立。

第二，进行财产分割，即"分家之前先分家当"。

第三，通知债权人。

第四，签订分立协议。合作社分立协议是一个合作社就有关分立事项达成一致意见的书面表示形式，要分立的各方签名、盖章后就产生法律效力。

第四章 合作社的运作

第五,分立登记。因分立而存续的合作社,保留法人资格,但应办理变更登记;因分立而解散的合作社,应办理注销登记,取消法人资格;因分立而新设立的合作社,应办理设立登记,取得法人资格。

分立时需注意的事项如下。

第一,合作社分立前,要对固定资产、流动资产、无形资产、长期投资以及其他资产、库存商品(生产资料或其他物资)、库存产品进行全面清查,同时对各项资产、商品、产品损失以及合作社债权债务进行全面核对查实。对财产清查过程中发现的资产盘盈、盘亏、毁损、报废等应按《农民专业合作社财务制度》和章程的规定,经批准后计入当期损益,同时转销相关资产的账面价值。

第二,因合并或者分立而不存续的合作社需要解散并注销。合作社吸收合并的,吸收方存续,被吸收方解散并报请注销;合作社新设合并的,合并各方均解散并报请注销。合作社分立的,若原合作社存续则不存在解散问题;若原合作社分立后不再存续,则原合作社需要解散并注销。

三、解散

合作社解散是指合作社因发生法律规定的解散事由而停止业务活动,最终使法人资格消灭的法律行为。

《合作社法》规定,有下列情形之一的合作社,应当解散。

(1)章程规定的解散事由出现。解散事由是合作社章程的必要记载事项,合作社的设立大会在制定合作社章程时,可以预先约定合作社的各种解散事由。若合作社经营期间出现规定的解散事由,成员大会可以决议解散合作社。例如,甲合作社的章程规定,若合作社连续3年以上亏损,则解散合作社。甲合作社经营期间连续4年亏损,出现了章程规定的解散事由,经成员大会

决议通过可解散；或者因经营不善导致亏损并且盈利无望，经成员大会决议解散。若此时不解散，可以通过修改章程的办法，使合作社继续存续，但此情况应办理变更登记。

（2）成员大会决议解散。《合作社法》规定，合作社召开成员大会做出解散决议，应经成员表决权总数的 2/3 以上通过。章程对表决权数有较高规定的，从其规定。成员大会决议解散合作社，不受合作社章程规定的解散事由限制，若合作社章程规定的解散事由未出现，可以依据成员的意愿决议解散合作社。

（3）本社成员人数少于 5 人。《合作社法》规定，设立合作社，应当具有 5 名以上符合本法规定的成员。当合作社成员人数少于 5 人时，已不符合《合作社法》规定设立的条件，合作社应当解散。

（4）本社分立或者与其他合作社合并后需要解散。当合作社吸收合并时，吸收方存续，被吸收方解散；当合作社新设合并时，合并各方均解散。当合作社分立时，如果原合作社存续则不存在解散问题；如果原合作社分立后不再存在时，则原合作社应解散。合作社的合并、分立应由成员大会按合作社章程要求作出决议。

（5）因不可抗力因素致使本社无法继续经营。不可抗力因素包括自然灾害（台风、地震、洪水等）、政府行为（征收、征用）、社会异常事件（群体性事件、骚乱）等。

（6）被行政机关依法吊销营业执照或者被撤销。依法被吊销营业执照是指依法剥夺被处罚合作社已经取得的营业执照，使其丧失合作社经营资格。被撤销是指由行政机关依法撤销合作社的登记，即失去登记资格。《合作社法》第七十条规定："农民专业合作社向登记机关提供虚假登记材料或者采取其他欺诈手段取得登记的，由登记机关责令改正可以处五千元以下罚款；情节严重的，撤销登记或者吊销营业执照。"《合作社法》规定的合作社虚

第四章 合作社的运作

假登记、提供虚假材料等欺诈行为有两种表现形式：一种是合作社向登记机关提供虚假登记材料或者采取其他欺诈手段取得登记；另一种是合作社在依法向有关主管部门提供的财务报告等材料中，作虚假记载或者隐瞒重要事实。前一种情况是为了向登记机关骗取登记，后一种情况是在向有关主管部门的报告中弄虚作假以隐瞒重要的财务信息。当合作社因违反法律、行政法规被吊销营业执照或者被撤销的，应当解散。

（7）法院判决要求解散。若合作社设立人以不合法目的设立合作社，或者合作社的经营管理者继续或反复实施违反法令或章程，也不顾政府主管机关的警告的行为给普通成员、合作社债权人造成严重损失，则受损害方可通过法律诉讼的方式令合作社解散，进行清算以维护自己的权益。例如，甲合作社管理者经营不善或行为不端，导致广大普通成员的经济利益受到严重损失，同时无法偿还债权人的债务时，成员、债权人基于自身利益受到损害而向人民法院提起解散与清算合作社的诉讼。如果法院最终裁定解散，则合作社应当解散。

合作社解散时需注意的事项如下。

第一，若在合作社解散和破产时，为退社成员办理退社手续，分配财产，将影响清算的进行，并严重损害合作社其他成员和债权人的利益。因此，在合作社解散和破产时，不得办理成员退社手续。

第二，因合并、分立而解散的合作社，应当自做出解散决议之日起30日内，向原登记机关申请注销登记，并提交法定代表人签署的注销登记申请书、成员大会或者成员代表大会做出的解散决议以及债务清偿或者债务担保情况的说明、营业执照和法定代表人指定代表或者委托代理人的证明。经登记机关注销登记后，合作社终止。

第三，合作社一经解散，不得再以合作社的名义从事任何经营活动；清算完结，取消法人资格。

四、清算

合作社清算是指合作社解散后，依照法定程序清理合作社债权、债务，处理合作社剩余财产，使合作社注销的法律行为。

《合作社法》规定，合作社因章程规定的解散事由出现、成员大会决议解散或者依法被吊销营业执照、被撤销等原因解散的，应当在解散事由出现之日起 15 日内由成员大会推举成员组成清算组，开始解散清算。逾期不能组成清算组的，成员、债权人可以向人民法院申请指定成员组成清算组进行清算，人民法院应当受理该申请，并及时指定成员组成清算组进行清算。因合作社合并或者分立需要解散的，其债权债务全部由合并或者分立后存续或者新设立的合作社承继，故不用成立清算组进行清算。

清算组是指在合作社清算期间负责清算事务执行的法定机构。合作社一旦进入清算程序，理事会、理事、经理即应停止执行职务，而由清算组行使管理合作社业务和财产的职权，对内执行清算业务，对外代表合作社。清算组自成立之日起接管合作社，负责处理与清理有关的未了结业务，清理财务和债权、债务，分配清偿债务后的剩余财产，代表合作社参与诉讼、仲裁或者其他法律程序，并在清算结束时办理注销登记。清算组成员应当忠于职守，依法履行清算义务，因故意或者重大过失给合作社成员及债权人造成损失的，应当承担赔偿责任。

清算组应当自成立之日起 10 日内通知合作社成员和债权人，并于 60 日内在报纸上公告。债权人应当自接到通知之日起 30 日内（未接到通知但看到公告的，自公告之日起 45 日内），向清算组申报债权。如果在规定期间内全体成员、债权人均已获知通知，免除清算组的公告义务。其中，债权人申报债权时应说明债权的有关事项，并提供证明材料；清算组应对债权进行登记。在

第四章 合作社的运作

申报债权期间,清算组不得对债权人进行清偿。

清算组在清算期间的主要职权如下。

(1) 处理与清算合作社未了结的业务。

(2) 清算合作社财产,包括编制资产负债表和财产清单等。

(3) 清偿债权、债务。

合作社清算时需要注意的事项。

第一,清算方案必须经合作社成员大会通过或者人民法院确认后才能开始实施。

第二,清算组在清算的过程中,若发现合作社财产不足以清偿债务,应及时向人民法院申请破产。经人民法院裁定宣告合作社破产后,清算组应将清算事务移交人民法院,进入破产清算程序。

第三,若清偿债务后有剩余财产,即在支付清算费用、共益债务、清偿前就与成员已发生但尚未结清的款项、抵押债权、职工工资及社会保险费用、清偿所欠税款及一般债务后剩余的合作社财产,应返还或者分配给合作社成员。但合作社接受国家财政直接补助形成的财产,在解散、破产清算时,不得作为可分配剩余资产分配给合作社成员,处置办法依照国务院相关规定。

第四,清算完成后应进行注销登记。

第五章 合作社运营机制

第一节 合作社的资本与融资

在现代经济学和人们的日常生活中,凡是能够增值的价值都被视为资本。资金的外延大于资本,但有时两者被混用。

一、合作社资金来源

农民成立合作社,是为了通过成员的互助合作来维护并提高自身的经济、文化、社会的利益和地位。

然而,要实现上述的目的,合作社就必须投入巨额资金,举办各项合作事业。其资金主要来源于股金、储蓄金、事业经费、加入金、借入金、政策金、公积金、公益金、风险金、捐赠金等。

(一)股金

股金是成员向合作社出资的资金,是合作社最基础的资金。因此,成员入社时须缴纳股金,以证明自己为合作社财产的所有者。

股金一般有下限和上限之分。股金下限是欲入社农民取得成员资格的基本条件。确定股金的上限,主要是为了防范出资极多者控制合作社。这与合作社的民主管理原则是一致的。

股金的变动表现为增加或减少。股金增加的原因是:①增大一股的金额,此时须修订章程;②新成员缴纳股金;③合作社将成员分红部分直接转为该成员的连续出资;④合作社发行优先出资券。

股金减少的原因有：①返还退社成员的股金；②减少一股的金额，此时须修订章程。

股金表示成员拥有合作社财产的份额，因此股金不能由两人以上（含两人）共有。若股金由两人以上共有，就与合作社一人一票制的原则相违背，不能称其为合作经济。

（二）储蓄金

储蓄金是成员及他人在合作社信用部门办理的存款。它主要被用作成员生产和生活的贷款。

一般来说，基层社办理农业贷款后，若有剩余，就将剩余部分存入联合社，以使基层社的资金互通有无。

理论上说，现在我国居民多数居住在农村，所以只要国家金融政策现实地倾向于农村，那么合作社的储蓄存款额肯定大幅增长。

（三）事业经费

事业经费是成员和准成员为利用合作社事业而缴纳的经费。

缴纳事业经费是成员和准成员的法定义务之一。谁不缴纳事业经费，谁就不能利用合作社事业。

（四）加入金

加入金是指自然人和社团法人、企业法人等准成员（会员）加入合作社时必须缴纳的类似股金的资金。

加入金是非农民取得准成员资格的基本条件。它对增大合作社自有资本具有重大意义。

（五）借入金

借入金分为基层社的借入金和联合社的借入金。前者主要是指基层社从联合社得到的贷款。联合社一般按基层社在联合社的存款额度决定贷款额度。后者是指联合社发行农业金融债券而筹集的资金和从国内、外借入的资金。

一般来说,联合社可在自有资本的若干倍内发行农业金融债券,以筹集营农资金。

联合社从国内、外借入的资金,包括它从国内、外金融机构的借入金和在国内、外金融市场调剂的资金。

(六) 政策金

政策金是指政府为合作社融资的资金。它被用于由政府委托办理的各项政策性事业上。政策金必须量化到每个成员。但合作社清算时不得分给成员。

世界各国农民专业合作社一般均受政府委托举办政策性事业,而我国理应如是。这是因为,国家利益根本上代表合作社及其成员的利益。所以,片面反对政府通过合作社举办政策性事业是错误的。

(七) 公积金

公积金是指合作社从当年总收益中按一定比例提取的公有资金。按照《合作社法》的规定,公积金必须量化到成员个人账户上。

一般来说,公积金分为法定公积金和任意公积金。前者指合作社按国家有关规定提取的公积金;后者指合作社依经营状况提取的公积金。公积金主要被用于合作社的扩大再生产。

公积金归合作社集体所有,是不可分割的公有财产,不能将其分给成员个人,退社成员除外。公积金越多,合作社的集体成分就越大。

(八) 公益金

公益金是指合作社从提取公积金后的余额中再按一定比例提取的公有资金。它主要被用于农村社会保障事业。

一般来说,公益金分为社会公益金和成员个人公益金。前者是指用于本合作社及其成员以外的社会公益事业；后者是指用于本合作社及其成员的公益事业，如成员医保等。

（九）风险金

风险金是指合作社从税后利润中按一定比例提留的防范风险的资金。农业生产受自然条件的制约，有较大的风险，所以提留一定额度的风险金是完全必要的。

（十）捐赠金

捐赠金是指个人、法人等捐赠给合作社的资金。由于合作社属于社会经济弱者团体，所以通过社会公关争取捐赠金是必要的。捐赠金必须量化到每个成员。

二、合作社资金运用

合作社将上述的资金主要用于下列各项事业。
（1）合作社产品购销等经济事业。
（2）合作社信用保险等金融事业。
（3）合作社教育文化等社会事业。

第二节 收益分配与成员利益保障

分配是指生产要素（特别是生产工具）或生产物在不同社会成员和经济群体之间的分割。生产要素的分配是生产本身的问题，是生产的条件和前提，实际上是生产资料所有制的问题。生产物的分配是生产要素分配的结果。生产物的分配是社会再生产过程中的一个重要环节。社会再生产是生产、分配、交换和消费的统一体。生产是出发点，通过分配和交换，最后进入消费。分配是连接生产和消费的一个中间环节。再生产过程中，分配取决于生产。分配的对象是生产出来的产品，而分配的性质取决于生产关系的性质。分配对生产也有重要的反作用。它直接涉及人们

之间的物质利益关系,对生产的发展起着促进或延缓的作用。

合作社分配,是指生产物的分配,即成员按事业利用额分红和按股金分红。

一、按事业利用额分红

按事业利用额分红,是指按成员实际利用合作社事业的份额进行分配。其基准由理事会决定。

事业利用额分红没有上限规定。因此,成员中谁多利用合作社事业,谁就多得分红收入。这既有利于鼓励成员多利用合作社事业,也有利于扩大合作社自有资本(如美国实行按事业利用额交纳股金)。因此,按事业利用额分红必须优先于按股金分红。

二、按股金分红

按股金分红是指按成员实际出资的份额进行分配。一般地,按股金分红是在按事业利用额分红后有剩余时才进行的。

按股金分红一般有上限规定。这与公司制企业的股金分红完全不同。其基准由合作社章程规定,一般低于商业银行的存款利率。其分红率必须适用于全体成员,绝不能区别对待成员。

第三节 合作社财务管理与会计

一、合作社财务指标

财务是指合作社有关财产的管理或经营以及现金的出纳、保管、计算等事务。

合作社财务指标包括收益率、流动率、效用率和支付率。

收益率是指合作社的收益创造性,主要核算销售额的收益率和总资产的收益率。

第五章 合作社运营机制

流动率是指合作社的清偿债务性,主要核算短期现金流动、利息支付率、销售运用资金率等。

效用率是指合作社的生产性,主要核算费用/生产率、劳动/收益率等。

支付率是指合作社的长期财务安全性,主要核算负债/固定资产率和资本/生产率等。

二、合作社会计核算的基本要求

会计,是指对合作社财产增减、收入支出等财务的处理。

依照自2023年1月1日起施行的《农民专业合作社财务会计制度》规定,会计核算的基本要求包括如下内容。

(1) 合作社的资产包括货币资金、应收款项、存货、生物资产、固定资产、无形资产、对外投资和长期待摊费用等。

(2) 合作社的货币资金包括现金、银行存款等。

(3) 合作社必须根据有关法律法规,结合实际情况,建立健全货币资金内部控制制度。

(4) 合作社的应收款项包括本社成员和非本社成员的各项应收及暂时款项。

(5) 合作社应当建立健全货币资金管理制度,明确相关岗位的职责、权限、经办、审批等业务流程以及风险控制措施。

(6) 合作社应当依法开立银行账户,加强资金、票据和印章管理。货币资金收付应当取得有效的原始凭据,并有经手人、审批人等签名,严禁无据收付款。

(7) 合作社应当明确销售、采购业务审批人和经办人的权限、程序、责任和相关控制措施,按照章程规定办理销售、采购业务,及时做好销售、采购记录,严格销售和采购合同、出库和入库凭证、销售和采购发票、验收证明等核对和管理。

(8) 合作社的存货包括材料、农产品、工业产成品、低值易

耗品、包装物等产品物资，在产品、受托代销商品、受托代购商品、委托代销商品和委托加工物资等。

（9）合作社应当建立健全存货管理制度，明确相关岗位的职责、权限，经办、审批等业务流程以及风险控制措施。存货入库时，应当办理清点验收手续，填写入库单，根据合同约定以及内部审批制度支付货款。存货领用或出库时，应当办理出库手续，填写领用单或出库单。应当定期或不定期对存货进行盘点核对，做到账实相符。

（10）合作社的对外投资是指合作社依法出资设立或者加入联合社，以及采用货币资金、实物资产、无形资产等向其他单位的投资。

（11）对外投资评估、决策及其收回、转让与核销等，应当由理事会提交成员（代表）大会决议。应当建立健全对外投资责任追究制度，加强对审批文件、投资合同或协议、投资方案计划书、对外投资有关权益证书、对外投资处置决议等文件资料的管理。

（12）合作社的生物资产包括消耗性生物资产、生产性生物资产和公益性生物资产。

（13）合作社的固定资产是指使用年限在一年以上，单位价值在2 000元以上，并在使用过程中基本保持原有物质形态的资产，包括房屋、建筑物、机器、设备、工具、器具和农业农村基础设施等。

（14）合作社应当建立健全固定资产管理制度，加强固定资产购建、使用、折旧、处置管理，落实人员岗位责任制。

（15）合作社的无形资产包括专利权、商标权、著作权、非专利技术、土地经营权、林权、草原使用权等。

（16）合作社应当建立健全无形资产摊销制度，确定无形资产摊销方法。

第五章　合作社运营机制

（17）合作社的在建工程达到交付使用状态时，应当按照有关规定办理工程竣工财务决算和资产验收交付使用。

（18）合作社应当建立固定资产台账，对固定资产定期或不定期地进行清查盘点。财务年度终了前，应当进行全面清查盘点，保证账、卡、物相符。对固定资产的盘盈、盘亏应当按照有关规定处理。

（19）合作社的对外投资是指合作社依法出资设立或者加入联合社，以及采用货币资金、实物资产、无形资产等向其他单位的投资。

（20）合作社的收入包括合作社的经营收入和其他收入。

（21）合作社应当对收入及时结算，切实加强管理，严禁隐瞒、截留、挤占和挪用。

（22）合作社的支出应当按照财务工作规范流程，由经办人在原始凭证上注明用途并签字后，经合作社负责人审批同意并签字盖章，由财务会计人员审核记账，按程序实行公开，接受合作社成员监督。

（23）合作社应当做好收入、成本费用核算，及时结转各项收入和支出，核算所得税费用，确定当年盈余，规范盈余分配。

（24）合作社可以在章程中规定公积金提取的比例和用途，每年提取的公积金按照章程规定的比例量化为每个成员所有的份额。

（25）合作社在弥补亏损、提取公积金后的当年盈余为可分配盈余。

（26）可分配盈余按成员与本社的交易量（额）比例返还的返还总额不得低于可分配盈余的百分之六十；返还后的剩余部分，以成员账户中记载的出资额和公积金份额，以及本社接受国家财政直接补助和他人捐赠形成的财产平均量化到成员的份额，按比例分配给本社成员。

（27）合作社解散、破产时，应当按照有关法律规定进行财务清算。

（28）合作社因章程规定的解散事由出现、成员（代表）大会决议解散、依法被吊销营业执照或者被撤销等原因解散，应当在解散事由出现之日起十五日内由成员（代表）大会推举成员组成清算组。

（29）合作社因严重亏损，资不抵债，不能清偿全部到期债务，或者清算组发现合作社的财产不足以清偿债务的，应当依法向人民法院申请破产。

（30）合作社应当建立健全财务审计制度，对财务收支的真实性、合法性、合规性进行内部审计。

（31）合作社解散、破产清算时，未按照有关规定处置国家财政直接补助形成的财产的，或者清算组成员因故意或重大过失造成国家财政直接补助形成的财产流失的，依法追究法律责任。

（32）本制度自 2023 年 1 月 1 日起施行。此前财政部印发的《农民专业合作社财务会计制度（试行）》（财会〔2007〕15 号）与本制度规定不一致的，以本制度为准。

三、合作社事业预算

合作社事业预算，是指合作社事业的财务收支计划。合作社预算应参考上一年预算执行情况和本年度收支预测进行编制。合作社预算必须按量入为出、收支平衡的原则编制，不列赤字。预算收入的编制，应与合作社事业增长率相适应。预算支出的编制，应贯彻厉行节约、勤俭建社的方针。

合作社事业预算须经成员（代表）大会决议，否则无效。变更事业计划及收支预算，须经理事会通过。变更章程规定的重大事项，须经成员（代表）大会决议。

四、合作社事业决算

合作社事业决算，是指合作社事业财务收支计划执行结果的会计报告。合作社决算须经成员（代表）大会决议。在召开定期大会以前，合作社理事长须将决算报告提交监事。决算报告包括事业报告书、借贷对照表、盈亏计算书、盈余分配方案和亏损处理方案。监事签注意见后，理事长将决算报告和监事意见一并提交成员（代表）大会通过。

第四节　合作社运营的透明化

一、运营公开的意义

民主管理是合作社的基本原则之一。为了使成员积极参与、监督合作社的运营，合作社必须实行运营公开。运营公开，既有利于防范合作社领导和职员腐败行为的发生，也有利于成员及时了解合作社运营的状况。

二、运营公开的内容

运营公开的主要内容包括如下。

（1）合作社理事长须将每年会计年度的事业预算、决算报告备置在主办公地点，以便成员随时查阅，接受成员的监督。

（2）合作社理事长须将章程、大会记录、理事会记录、成员名册等文书备置在主办公地点，以公开合作社的运营状况。

（3）成员可查阅合作社会计账簿；无特殊理由，合作社领导不能予以拒绝。

（4）对合作社业务有违反法规或章程的疑问时，经成员若干人同意，可请求有关部门派人检查合作社业务。

（5）设立合作社运营评价咨询会议。它由成员代表和社外合作经济专家若干人组成。其基本职能是：评价合作社运营状况，提出完善合作社运营的对策等。合作社理事长须向理事会和大会报告该会议提出的对策，并努力加以实施。

（6）合作社必须定期向市场监督管理部门报送年度报告。

第六章 政府对合作社的扶持

第一节 政府与合作社的关系

《合作社法》第一条就明确了政府与合作社的基本关系：政府应支持、引导合作社的发展，规范合作社的组织和行为，保护合作社及其成员的合法权益，推进农业农村现代化。可见，政府对合作社的发展应给予"支持、规范、引导、保护和促进"，是这部法律中对政府与合作社关系的一个基本定位。进而《合作社法》第十条具体规定："国家通过财政支持、税收优惠和金融、科技、人才的扶持以及产业政策引导等措施，促进农民专业合作社的发展。国家鼓励和支持公民、法人和其他组织为农民专业合作社提供服务。"《合作社法》第一条还明确了国家可应用多种政策手段，规范合作社的组织和行为，改善合作社发展的外部环境，促进合作社生产经营效率和市场竞争力的提升，而第十条则表明国家支持和鼓励社会各方面力量为合作社提供服务，加速农业农村合作化与现代化的发展。

从西方现代化国家的农业合作化经验来看，政府直接扶持或积极动员、吸引社会各方力量参与到合作社的建设、发展中来，将会更有力地促进农业合作化的持续、健康发展。但是，政府不能"扶持过度"。我国《合作社法》主张合作社是在自愿、民主基础上，成员共同所有、经营、自担风险并分享收益的独立经济实体，政府对于这类特殊市场主体给予扶持，不应该强制性推动或"越俎代庖"。扶持是为合作社创造一个良好

的发展环境,目的是促进合作社健康发展,不断提高市场竞争力;要保持合作社的独立性,要通过外部条件合理引导合作社健康发展,不要直接插手合作社的内部事务;要使其在生产经营中"独立自主",并通过市场竞争来不断增强自身实力和竞争力。

第二节 政府在扶持合作社发展中的职能

《合作社法》第十一条规定:"县级以上人民政府应当建立农民专业合作社工作的协调机制,统筹指导、协调、推动农民专业合作社的建设和发展。县级以上人民政府农业主管部门、其他有关部门和组织应当依据各自职责,对农民专业合作社的建设的发展给予指导、扶持和服务。"可见,《合作社法》要求县级以上各级人民政府履行指导、扶持和服务的职能。要求县级以上各级人民政府组织相关部门,因地制宜,在各自的职责范围内,发挥不可或缺的、有限度的作用。此外,任何单位、组织、部门或个人不得借指导、扶持和服务的名义,强迫农户建立或注销合作社,强迫农户加入或退出合作社。

《合作社法》要求政府从宏观、微观两个层面来扶持合作社的发展。宏观上,因地制宜、因势利导,通过制定相关法律法规,扶持并规范合作社的制度建设;通过制定农业产业政策,给合作社的发展创造一个良好的外部环境;同时,顺应农业社会化大生产的内在要求,积极鼓励、引导社会各方力量参与到合作社的建设中来,不断提升合作社的生产经营效率、实力与竞争力,使广大农户通过加入合作社确实解决小生产与大市场矛盾并实现收益的不断提高,如《合作社法》第十条规定:"国家通过财政支持、税收优惠和金融、科技、人才的扶持以及产业政策引导等

第六章 政府对合作社的扶持

措施,促进农民专业合作社的发展。国家鼓励和支持公民、法人和其他组织为农民专业合作社提供服务。"同时,国家鼓励和支持包括供销社、科协、教学科研机构、基层农业技术推广单位、农业企业等在内的社会各方面力量,为合作社提供政策、技术、信息、市场营销等服务。微观层面上通过各种管理、监督要求,引导合作社不断完善民主制度建设和健全内部治理、内控制度等。如《合作社法》第三十九条规定:"农民专业合作社应当按照国务院财政部门制定的财务会计制度进行财务管理和会计核算。"综合宏观、微观层面,政府的指导具体包括如下。制定相应的法律法规及实施细则,规范合作社的内部制度建设,引导合作社遵守相关法律及商业道德等;制定产业政策扶持合作社发展,促进其生产经营效率的不断提高。同时,加强对合作社的宣传、教育,鼓励社会各方力量积极参与或服务于农业合作化。总之,在合作社发展进程中政府要发挥积极的、不可或缺的作用,但是,这种作用是间接的、不能直接干预合作社的内部具体事务,而要通过外部引导,从制度供给上扶持、规范合作社的发展。

当前,我国政府主要是运用各种政策工具(如财政、金融、税收等工具)来扶持合作社的发展,为合作社创造一个良好的外部发展环境,并在一定程度上解决合作社在市场竞争中的弱势地位,但是这种扶持与帮助并不是政府代替合作社参与市场竞争,而是让合作社能与对手公平地竞争,最终是要通过市场竞争来提升合作社的生产经营效率及市场竞争力,增加广大成员的收益。西方国家的经验表明,任何通过政府资金扶持或外援来生存的合作社,其发展都不可持续,其结果都是越扶持越弱、越扶持效率越低,最终不可避免地走向灭亡。

西方政府往往通过整合其下各部门及社会资源,向合作社提供公共产品服务(这些服务只针对西方国家法定意义上的合作社),服务以成员需求为导向,即政府服务的出发点和归宿也是改善合作社的运行环境和提升合作社的经营能力,从而提高合作社为成员服务的水平,以满足成员新的需求,扶持中政府不会直接干涉合作社的内部事务,我国政府借鉴了这一成功经验。《合作社法》中没有规定政府在促进合作社发展中具有"直接规治"的职能,即不可直接干预合作社的内部业务或代替合作社进行市场经营。不直接干预,并不意味着政府放弃对合作社的监督。《合作社法》第七条规定:"国家保护农民专业合作社及其成员的合法权益,任何单位和个人不得侵犯。"同时也对合作社提出了监管要求,《合作社法》第七十条规定:"农民专业合作社向登记机关提供虚假登记材料或者采取其他欺诈手段取得登记的,由登记机关责令改正,可以处五千元以下罚款;情节严重的,撤销登记或者吊销营业执照。"第七十二条规定:"农民专业合作社在依法向有关主管部门提供的财务报告等材料中,作虚假记载或者隐瞒重要事实的,依法追究法律责任。"由此可见,从合作社注册成立到生产经营,再到相关资料、信息的上报,政府均要履行必要的监督职能。

第三节 政府对合作社发展的扶持措施

关于政府对合作社发展的扶持措施,在《合作社法》《农民专业合作社登记管理条例》(国务院令第498号)、《关于做好农民专业合作社金融服务工作的意见》(银监发〔2009〕13号)、《关于农业生产资料免征增值税政策的通知》(财税〔2001〕113号)和《财政部国家税务总局关于饲料产品免征增值税政策的通知》(财税〔2001〕121号)等法律法规文件中均有涉及。

第六章　政府对合作社的扶持

一、降低设立成本

相对于西方设立合作社的条件要求，我国合作社的设立条件要低，这主要是为了降低合作社的设立、组建成本。设立条件低主要体现在五个方面：第一，关于设立合作社的最低成员数规定。《合作社法》要求只需 5 名成员即可注册成立一个合作社。第二，关于成员的来源。《合作社法》允许企业、事业单位和社会团体等法人加入合作社，但限制它们在成员中的比例。第三，关于成员的出资。由于我国合作社类型繁多，生产经营的内容、形式和规模差异大，为了降低各类合作社的设立障碍，减少组建成本，《合作社法》对成员的出资没有用统一的法定标准来约束，而是将"成员的出资方式、出资额等"交由合作社自己民主决定。第四，关于住所的规定。由于我国合作社发展历史短，大多数规模小，实力弱，为降低合作社的生产经营成本，《合作社法》没有要求合作社有一个专属于自己的法定场所，即意味着某个成员的家庭住址也可登记为合作社的住所地。第五，关于注册登记。国家规定有关部门在办理合作社注册登记时不得收取任何费用，也不需要出示法定单位或部门的验资证明，这一系列措施降低了合作社的设立成本。

二、财政资金支持

由于农业的弱质与农户的弱势，合作社的健康发展离不开政府财政资金的扶持。《合作社法》第六十五条规定："中央和地方财政应当分别安排资金，支持农民专业合作社开展信息、培训、农产品质量标准与认证、农业生产基础设施建设、市场营销和技术推广等服务。对民族地区、边远地区的农民专业合作社和生产国家与社会急需的重要农产品的农民专业合作社给予优先扶持。"该条明确了对合作社财政扶持的两个基本途径：中央财政和地方财政。实际上，从 2007—2012 年底，中央财政逐年加大投入力度，累计安排专项资金 31.5 亿元（年均增长 33.6%），用于扶持合作社发展。2014 年中央一号文件也指出："允许财政项目资金直接投向符合条件的合作社，允许财政补助形成的资产转交合作社持有和管护。"此外，当前绝大多数省、自治区、直辖市，以及部分市（县）地方政府也已相继出台了扶持合作社发展的法规，明显加大了对合作社的支持力度，在每年的财政预算中，为合作社提供数百万至数千万元的专项经费，扶持合作社开展生产基础设施建设、进行办社指导、优良品种推广、质量认证、技术培训、产品促销等活动。最后，该条款还提出了对于"老、少、边、穷"等特定地区的合作社给予相应的政策倾斜，优先扶持这些地区的合作社发展，创造条件提升这些地区农户的收入，以改善民生。

三、建设项目扶持

考虑合作社在解决"三农"问题和推进农业农村现代化方面的所具有的优势，《合作社法》第六十四条规定："国家支持发展农业和农村经济的建设项目，可以委托和安排有条件的有关农民专业合作社实施。"这说明，合作社与其他企、事业单位等组织一样，在申请国家有关农业、农村建设项目方面，拥有了平等的竞争地位，享有了平等的待遇，这也遵循了西方国家的通常做法。2010 年农业农村部根据《合作社法》的要求，出台了《关于支持有条件的农民专业合作社承担国家有关涉农项目的意见》（农经发〔2010〕6 号），规定了有条件的合作社承担国家涉农项目的总体要求和基本原则，并进一步明确了合作社承担涉农项目的范围、条件及方式等，为制定合作社承担涉农项目的实施细则、具有可操作性的规章提供了具体的依据。

第六章 政府对合作社的扶持

四、金融扶持

缺乏足够的资金是困扰我国合作社健康发展的第一大障碍，为此我国《合作社法》第六十六条规定："国家政策性金融机构应当采取多种形式，为农民专业合作社提供多渠道的资金支持。具体支持政策由国务院规定。国家鼓励商业性金融机构采取多种形式，为农民专业合作社提供金融服务。"该条款明确了国家鼓励政策性及商业性金融机构不断探索，采取多种形式、多种渠道支持合作社的发展。2009年2月，农业农村部和银保监会联合下发了《关于做好农民专业合作社金融服务工作的意见》（银监发〔2009〕13号）（以下简称《意见》），提出了五项金融支持措施：将合作社全部纳入农村信用评定范围、加大信贷支持、创新金融产品、改进服务方式、鼓励有条件的合作社发展信用合作。《意见》要求自2009年起，各地农村合作金融机构要与农村经营管理部门对辖区内的合作社逐一建立信用档案，加快建立和完善合作社的信用评价体系。同时，鼓励发展具有担保功能的合作社，运用联保、担保基金和风险保证金等联合增信方式，增强合作社的获贷能力，提高融资效率。最后，《意见》提出鼓励扩大可用于担保的财产范围，创新各类符合法律规定的财产抵（质）押贷款品种等。在改进服务方式方面，要围绕提高审贷效率和解决担保难问题，逐步探索对合作社及其成员进行综合授信等。

五、农产品流通政策

鼓励和引导合作社与城市大型连锁超市、高校食堂、农资生产企业等各类市场主体实现产（供）销衔接。流通是连接生产与消费的桥梁，切实搞活农产品流通，能够把农产品的生产与消费紧密联系起来，减少生产的盲目性。对于满足国民经济发展和消费者对农产品的多样化需要、引导农业生产结构调整,以及合理配置各种生产要素,都具有重要的作用。例如,"农超对接"是指农户和商家签订意向性协议书,由农户向超市直接供应农产品的流通方式。"农超对接"的优势在于,将新鲜、优质的农产品由田间直接供应到超市,农产品借助超市遍布各地的经营网点和发达的配送体系,以最快的速度进入千家万户。这种流通方式构建了市场经济条件下的产销一体化链条,能最大限度地减少农产品流通环节,降低交易成本,最大限度地保持农产品的新鲜度,实现商家、农民、消费者共赢。在我国,随着大型连锁超市与产地合作社的快速发展,部分地区已经具备了发展"农超对接"流通方式的基本条件。

六、人才支持政策

从 2011 年起组织实施现代农业人才支撑计划,每年培养 1 500 名合作社带头人。加快实施合作社辅导计划,重点对合作社辅导员、经营管理者、财务人员和农村能人进行培训,逐步建立起省、市、县、乡四级合作社辅导员体系和人才支撑体系。各级财政都要安排培训经费,实行免费培训。各地开展的"阳光工程""农村劳动力技能就业计划"等农村劳动力培训项目,优先安排合作社经营管理人员及成员接受培训。鼓励大学生"村官"参与、领办合作社。

总之,传统生产模式下分散经营的小农户已难以适应市场经济的发展,农户增收难;同时,传统的生产经营方式也与农业农村现代化发展的内在要求不相适应。因此,加快发展合作社,通过提高广大农户的组织化程度来适应市场经济与农业农村现代化的发展刻不容缓,基于此,政府各级部门出台了一系列支农惠农政策及合作社专项扶持政策,合作社应充分利用这一契机,抓住机会积极争取政府的支持,如符合建设项目扶持条件的合作社可

第六章 政府对合作社的扶持

以按照政府相关部门项目指南的要求,经充分准备后向项目主管部门提出承担项目的申请;符合财政、金融支持条件的合作社,可以按照政府相关部门财政资金或政策性贷款申报通知的要求,经充分准备后向相关主管部门提出申请;符合税费减免的合作社可以在充分了解税费减免政策的基础上,保存好相关凭证或证据,向税务或相关行政部门提出税费减免的申请,以享受国家对合作社支持的税费减免优惠。

第七章 合作社发展现状与困境

第一节 合作社的发展情况

一、合作社的总体发展情况

国家市场监督管理总局发布的消息显示，截至目前，中国正式注册的合作社已达218.5万户，出资总额达3万亿元。《中华人民共和国农民专业合作社法》（修订时间2017年12月27日，施行时间2018年7月1日）的颁布促进了中国农民专业合作社的大发展，早在2013年6月底，合作社的数量已经达到2007年底的32倍，加入合作社的成员占全国农户总数的25.2%，合作社涉及的产业面日益增大，主要涉及种养业、服务业和加工业，涉及种植业、养殖业和服务业的合作社分别占总体的45.9%、27.7%和18.6%。

目前，我国合作社的相关数据因统计口径不同，表述的方法和统计出的数量也略有不同。整理和统计相关的数据可知，我国合作社数量的增长速度呈现递增形式；我国在2007年及以前的统计数据主要是针对比较规范的合作经济组织，2007年7月《合作社法》实施之后，2008年至今的统计数据主要针对合作社。

二、我国合作社的主要特征

我国的合作社一般都是结合当地实际和农民群众的思想认识水平，探索出各自的发展路径。虽然存在较大的个体差异，但是

第七章 合作社发展现状与困境

对其发展总体进行观察,不难发现当前中国合作社的一些具有共性的基本特征。

(1) 合作社创办时的路径主要有业缘、血缘和地缘三种。其中,血缘是合作的天然最短路径。农户即农民家庭,是当前我国农村经济活动中最重要的生产经营决策单位。随着农业农村现代化和农业产业一体化的发展,以家庭承包经营为基础的农户之间的合作成为一种必须,通常是生产或经营相同或相似农产品的农户联合起来闯市场,并组建起合作社,其中均体现了业缘、血缘和地缘的关系,正是这些关系促进了成员农户之间的联合与协作。

(2) 合作社的财产独立于原集体经济之外。随着合作社的发展壮大,合作业务可能冲破原有的村组织、社区、血缘、业缘和地缘的界限,合作社的成员是按照行业和产业链组成的跨社区的联合与合作,摆脱了原有村组织及社区边界的束缚;再者,合作社的组织制度和治理结构也摆脱了"乡政村治"的束缚,可以顺应市场规律在更广阔的空间联合生产并开拓市场。

(3) 合作社所覆盖的产业面日益增大。当前合作社主要涉及种养业、加工业和服务业,涵盖有果蔬茶、肉蛋奶和粮棉油等产品的生产、加工;同时,合作社也将其业务逐步扩展至植保、农机、民间工艺和旅游休闲农业等多个领域;合作社已经发展成为现代化农业的中坚力量,也必将主导农业一体化的发展。

(4) 合作社所涉及的地区广泛。合作社涉及的地区已经不再局限于我国的中西部地区、偏远地区和少数民族地区等欠发达地区,很多农村经济发展较好的地区也都纷纷组建了合作社,如江浙地带,且目前已有众多合作社实行了跨区域型的发展与联合。

(5) 合作社的发起者和组建者多种多样。当前,合作社的发起者和组建者主要包括经纪人和农村能人大户(生产、运销大户)、村干部、涉农企业、村党支部和集体经济组织、基层农业技术推广部门、基层供销社等。

（6）合作社的合作形式多样化。按照不同的标准对合作社的合作形式进行分类，根据业务类型分类，合作社可分为劳务合作、产品合作、技术/资金/土地承包经营权入股等生产要素领域的合作；根据服务职能的不同，合作社可分为生产型、服务型、加工型、销售型和综合型五类；根据其发起者身份分类，合作社可分为农民自办型、经纪人或能人带动型、龙头企业带动型、部门依托型四大类。而在最近几年，由于国家政策的倡导，由政府、村党支部和村委会发起的合作社数量也较大。

（7）合作社处于不断发展的状态，各方面的能力均不断增强。目前，经过国家和相关单位的引导，已有较多合作社认识到其现有技术和服务的不足之处，因此，逐渐拓展自己的业务范畴，从简单的技术和信息服务向农资供应和统防统治等服务延伸，由简单的产前和产中的生产服务向产后的分级、包装、加工、储藏营销与流通等服务拓展，甚至积极响应党中央近年来的号召，开展起内部信用合作业务。

总的来说，我国合作社具有规模灵活性、类型多样性、组织结构简约性、组织功能社会性、农民群众自主性和参与性、乡土知识通用性等特征。现阶段，随着合作社的发展壮大，合作社已经逐渐成为当前我国农业和农村改革发展的一大亮点。

第二节　合作社发展困境分析

一、合作社数量激增、质量亟待提高

从 2003 年实施修订后的《中华人民共和国农业法》以来，连续多年的"中央一号"文件、中共十七届三中全会、十八届三中全会都提到合作社的发展问题，默认了大力发展合作社是稳定

第七章 合作社发展现状与困境

农村基本经营制度的核心。其中，2013年的中央一号文件中明确指出要"大力支持发展多种形式的新型农民合作组织""培育农业经营性服务组织""创新服务方式和手段"；2014年的中央一号文件中又明确指出要"扶持发展新型农业经营主体""鼓励发展专业合作社、股份合作等多种形式的合作社""引导发展合作社联社"；2015年的中央一号文件提出要"推进合作社与超市、学校、企业、社区对接""引导合作社拓宽服务领域"，合作社早已成为新农业的切入口而队伍日益壮大。然而，在政策的导向下，有些合作社是基层政府或部门为了求政绩、赶时髦、凑数量，通过行政命令强行推动而建立起来的，单纯是为了追求合作社在数量、成员人数、带动农户数、出资额和成员增收效应等不切实际的指标来推动合作社的发展；再者，多数合作社的运行不够规范；合作社的盈利能力有待进一步提高。在合作社数量激增的发展势头下，其总体发展质量和营运绩效却良莠不齐，社会各界的评价也褒贬不一。我国合作社的总体绩效并不高，其发展尚处于初级阶段，与国家的期望和农民的期待都还存在一定的距离。

二、合作社角色定位模糊不清

虽然目前我国合作社在帮助农民增收方面已卓有成效，但由于其组建形式的多样化，加之其他产销组织和个人的参与，合作社的运营并不规范，对自身的角色定位并不准确，合作社现阶段正处于并将长期处于摸索前进和逐步成长的状态。再者，合作社的角色应该是与时俱进的，是会随着环境变化和发展的，需要不断地进行调适和整合。然而，大多数合作社都没有健全的管理控制体系，部分合作社的管理者在其运行过程中控制现象严重，而成员的科技文化素质参差不齐，对于合作社的认识不足，也没有实质性地参与合作社的管理、决策和监督，以至于合作社本身和成员农户都无法对合作社的角色进行准确的定位,角色调适和整合则更是无从谈起。另外,合作社角色定位的恰当与否也将直接影响到其职能的发挥,由于合作社角色定位不准确,以至于其职能履行情况出现了不足甚至残缺。由此可见,合作社角色恰当定位的目的,归根结底,就是要使合作社的职能能够彻底发挥出来;合作社对自身正确的角色定位可以提升合作社绩效,依据环境变化不断对其角色进行调适可以促进合作社有效并持续发展。

三、合作社运行不够规范,职能履行情况堪忧

首先,我国现有的合作社有很多都是由之前的专业协会转制而来的,其设立程序不一定符合法律要求,一些如设立大会、成员磋商、选举理事会和监事会成员、通过章程等必要程序不走或不完全走。其次,一些龙头企业没有经过实质性改造便改头换面打着合作社的名号到市场监督部门登记为合作社;一些龙头企业或专业大户将自身资产全部作为出资额进行注册,不符合合作社资金筹集的法律要求。再者,合作社在对自身的经营和管理,对成员的合作与服务,对非成员农户的带动与指引等方面存在许多不符合法律规定的地方,损害了合作社的团结精神,使其陷入信任危机。另外,部分合作社对自身的职能定位不清,履行情况堪忧,也有部分合作社根本形同虚设,没有实质内容。总的来说,我国的合作社尚处于发展的初级阶段,不同区域中的主体在发展情况上有较大区别,经营的产品种类和内部结构均不统一,其职能作用也存在较大差异;且在实际操作中,大多数合作社并没有完全依据农民需求承担其作为中介组织应有的职责和功能。职能缺位、职能定位不准确、职能转变,这些都是合作社在发展过程中必然要经历的阶段和过程。

除此之外,合作社的经营尚存在很多需要解决的难题。比如,鲜活农产品属性特性带来的分销难题、农产品营销人才匮乏

第七章 合作社发展现状与困境

而带来的营销手段落后和品牌意识薄弱等问题、农产品营销渠道有限性问题、融资难题、国家优惠政策的门槛过高难以达到的问题、农业保险保障经营问题、全国性信息平台的构建问题、水利用的问题、土地过于分散难以整治和土地流转问题等。

第三节 推动合作社可持续发展建议

一、提升人力资源素质

人是社会生产力中最主要、最能动的因素,人力资源素质水平对合作社的可持续发展具有重要影响。提高合作社的人力资源素质包括提高管理者能力、提升普通成员素质和吸纳人才下乡三个方面。

(一)提高合作社管理者能力

对合作社的管理者开展市场营销、企业管理、法律制度等专业培训,加强创新精神和战略眼光培养,增强服务意识,提高其市场经济条件下的经营管理、资源整合和团队管理能力,以适应不断变化的市场需求。

(二)提升合作社普通成员素质

结合农时、农情,采取面对面技术指导、院坝宣传、田间指导以及外出参观学习等不同形式,对合作社成员开展定期和不定期技术培训以及合作意识培育,提高整体素质,增强合作社的运营管理能力。

(三)吸纳人才下乡

探索建立合作社吸引、留住人才的机制,鼓励各类科研人员、科技工作者和农技推广人员到合作社中任职、兼职或担任技术顾问,合理引导大学生进入合作社,聘用相关经理人才,使他们成为合作社不断发展壮大的智力支持,增强合作社的运营管理能力。

二、规范内部治理机制

规范内部治理机制是促进合作社可持续发展的基础。坚持边发展边规范,进一步抓好规范工作,健全合作社的内部治理机制和服务内容,使合作社走上不断规范化和可持续发展道路。

(一)规范合作社各种管理制度

严格按照章程制度,规范合作社的组织机构、民主管理、财务管理、盈余分配、服务内容、内部监督和档案管理,合理确定理事会规模,科学构建合作社成员间的包容性利益分配体系,提升合作社的内部管理水平,增强合作社发展的内在活力。

(二)正确处理合作社发展中的重大关系

合作社发展中的重大关系包括合作社与政府的关系,合作社与龙头企业的关系,合作社与家庭经营的关系,核心成员与普通成员的关系等。防止政府的过度介入与干预产生新的政企不分,防止能人力量过于强大导致合作社演变成私人企业或合伙企业。

(三)提高成员民主管理水平

坚持贯彻民主管理原则,尊重成员的知情权和监督权,提高财务信息透明度,增加公开次数,扩大公开范围,公布实质性内容,建立健全组织成员个人账户,准确记载成员出资额、公积金份额和与合作社的交易量(额)。

三、完善科技传播机制

卓有成效的科技传播机制是促进合作社可持续发展的重要内容。随着市场约束的不断增强,合作社对现代农业技术的强烈需求没有得到有效满足,尤其体现在对节本增效技术、合作社内部

第七章 合作社发展现状与困境

管理和市场品牌宣传的柔性技术等方面。

（一）建立农业技术供给稳定支持制度

通过培训、示范和田间学校等多种方式，向合作社成员进行持续稳定的技术供给。继续以合作社为依托，在相关村镇建立农业专家大院，对周边农户进行技术指导和示范。充分利用互联网技术，多渠道为合作社成员的生产技术难题提供解决方案。

（二）培育合作社众创空间

随着农业市场化和城乡一体化的深入发展，农业的产业价值受到越来越多人的关注。为此，可参照大众创业、万众创新的精神，鼓励农业技术带头人入股参与合作社发展，把合作社的发展壮大作为农业技术人员的众创空间，年终参与成员分红，以此带动合作社整体技术水平的提升。

（三）建立农业技术创新激励机制

合作社成员间的相互学习越来越成为合作社技术传播的有效机制。鼓励合作社成员间相互学习，合作社设置年终技术创新奖，对合作社成员年度重大技术创新进行重点奖励，并组织农户到其基地进行观摩学习，从而带动更多农户进行创新，推动合作社整体技术水平提升。

四、构建危机预警机制

合作社从事的大多是与农业相关的弱质产业，其生产经营受自然环境和市场波动影响较大。目前合作社总体上仍处于初级发展阶段，实力不强，规模不大，市场化滞后，面临的风险不容忽视。

（一）建立相关危机预警机制

依靠信息技术，关注对合作社未来有影响的信息，对相关风险信息保持较高敏感度。建立危机预警信息技术系统，根据相关

农业政策变化和行业发展动态及时预测风险。

(二) 做好应对预案

整理相关危机管理案例,对可预见风险(比如自然灾害类的洪涝等和事故类的火灾等)制定预防制度和化解预案。政府要加快推进农业信息化建设,让更多更好的信息能及时进入相关信息服务平台,使合作社能及时获取有用信息,及时决策,及时应对各种危机,提高应对危机能力。

(三) 设立风险保证金

合作社每年从收益中提取一定比例的资金作为风险保证金,用于弥补成员在生产经营中遭遇的人力不可抗拒的自然风险和市场风险造成的损失。风险保证金的管理,实行专户储存,专人管理,做到专款专用。

五、优化外部发展环境

任何组织的产生和发展都需要一定的外部环境和条件。如果没有良好的外部环境,没有政府的重视和支持,合作社不可能快速发展和健康成长,但是也要避免政府行为的缺位、错位和越位。

(一) 正确定位政府行为

作为公共服务的提供者,政府的作用是合理引导合作社优化资源配置。优化政府适当参与和合理引导,建立合作社与政府的良性互动关系。政府要防止合作社盲目增加数量或扩大规模,为合作社可持续发展创造良好的发展空间,其支持重点在合作社发展的不同阶段应有侧重,针对不同产品类型的合作社,也应采取不同的引导和扶持措施。

(二) 加强财税支持

从合作社组建运行的现实需求出发,加大项目支持,各类涉

第七章　合作社发展现状与困境

农项目直接委托或优先安排有条件的合作社实施。加大财政扶持，在合作社的基础设施建设、技术培训、品牌推广等环节进一步加大财政支持力度，整合财政资金，优化扶持形式，提高资金使用效率。全面落实国家对合作社的税收减免和用水、用电、用油优惠政策。

（三）创新金融支持

积极探索多种融资渠道，缓解合作社的资金压力。加大合作社贷款的投放比例，创新合作社贷款抵押方式，推出符合合作社特点和要求的信用贷款与抵押担保的金融产品。金融机构要简化贷款手续，落实好国家相关政策，积极为合作社创新发展提供信贷支持。探索合作社内部小额信贷合作，加强有效监管，提升合作社自身筹资和融资能力。

（四）加强宣传示范

加强合作社知识、法规宣传，提高农民对合作社的认知，激发创办和加入合作社的意愿。培育示范社，建立示范社名录，一方面增强成员信心和投资热情，引导其加强规范化建设；另一方面发挥优秀合作社的示范带动作用和政策扶持的导向作用。

六、加强合作文化建设

合作文化的建设是合作社可持续发展的底蕴所在，优秀的合作社文化能够营造和谐、上进的合作社氛围，产生源源不断的发展动力。合作社在运行发展中大多聚焦在经济效益的提高上，往往忽视了相对隐蔽的文化建设影响，不利于"团结互助、平等互利、诚实守信、我为人人、人人为我"的文化理念和价值观的形成。

（一）加强契约精神培育

在合作实践过程中，应当着重对成员开展契约精神的教育工作。要让成员始终秉持参与合作社的初心，严格遵守合作契约，依照事先的约定来组织统一的生产计划，并且认真遵守投入品的使用和管理规定，精心做好农事管理。与此同时，还需要建立起公开透明的成本收支制度以及重大事务公示制度。通过这样的方式，能够让成员清晰地了解合作社的财务状况和重大决策，增强相互之间的信任程度。只有这样，才能为合作社的长远、稳定和可持续发展奠定坚实的基础，使合作社在未来的发展道路上能够不断壮大，为成员创造更多的价值和利益。

（二）注重合作文化培育

应当从人文关怀的视角出发，形成一系列制度化的措施，大力加强合作文化的培育。比如，每年举办成员金点子大会，为成员提供一个充分发挥主人翁精神的平台，鼓励大家积极为合作社的发展出谋划策。对于那些为合作社作出重大贡献的成员，要给予特别的奖励，以此来激励更多的成员积极为合作社的发展贡献力量。而对于遭遇重大意外风险的成员，合作社应当组织进行捐助，向他们伸出援助之手，帮助他们渡过难关。对于生活困难的成员，也要给予相应的帮扶。通过这些举措，能够让广大成员深切感受到合作社的温暖和关爱，从而对合作社产生强烈的归属感，营造出一种温暖有爱、亲情互助的良好合作氛围。

（三）强化合作理念培养

进一步加强合作理念的宣传和普及工作，牢固树立合作共赢的发展理念，积极引导合作社践行以广大成员服务为核心的组织目标。对于部分合作社负责人、领办人的功利主义、机会主义等错误行为导向，要及时进行教育和引导。大力弘扬合作精神，坚决摒弃单打独斗的传统经营模式，努力形成互利互惠、互助协作、共同发展的优良局面。只有这样，才能最大限度地发挥合作的效能，实现资源的优化配置和优势互补，推动合作社不断发展壮大，为农业农村现代化建设和乡村振兴战略的实施提供有力的支撑。

第八章 合作社的未来发展趋势与创新

第一节 合作社在乡村振兴中的作用

合作社作为乡村经济的重要组成部分,在乡村振兴战略中发挥着至关重要的作用。乡村振兴不仅关注农业产业的发展,还包括农村经济、社会、文化和生态的全面提升。合作社通过其在农业生产、市场对接、社会服务等多个领域的积极作用,推动了乡村振兴的多元化和可持续发展。以下是合作社在乡村振兴中的主要作用。

一、推动农业农村现代化

合作社是推动农业农村现代化的主要力量之一。

随着农业科技的不断进步和市场需求的日益多样化,合作社在农业农村现代化进程中扮演着重要角色。合作社通过专业化和规模化的生产模式,整合分散的资源和力量,不仅有效提升了农业生产效率,还显著改善了农产品的质量,为农业农村现代化的推进奠定了坚实基础。

合作社通过集约化管理和先进农业技术的应用,大幅度提高了土地利用效率和生产效益。通过统一的规划和协调,合作社能够科学合理地安排种植结构和耕作模式,最大限度地减少资源浪费。例如,在土地有限的情况下,合作社可以通过引入先进的机械化设备,实现规模化种植和高效化管理,提高农作物单位面积的产量。同时,通过集体采购生产资料如种子、化肥和农药，合作社能够降低生产成本，让农民获得更高的经济收益。

合作社在引导农民采用现代化生产设备和种植养殖技术方面发挥了重要作用。传统农业往往依赖经验和手工操作，而现代农业则需要精准、高效的机械化操作。例如，合作社通过推广农业机械设备如联合收割机、植保无人机等，显著减少了劳动力成本，提高了农业生产的效率。此外，合作社还通过开展技术培训，帮助农民掌握科学的种植养殖技术，逐步实现从传统农业向现代农业的转型。这种技术上的升级不仅提高了农业生产的规范化和标准化水平，也促进了农产品质量的整体提升。

合作社还通过推广绿色农业、精准农业和智能化农业等创新模式，进一步提升了农业生产的绿色化和智能化水平。

在现代农业发展中，节约资源和保护环境是两个重要的目标，而合作社通过引入绿色农业的理念和技术，为实现这两个目标提供了可行的解决方案。例如，合作社通过推广有机农业技术，减少化肥和农药的使用，保护土壤和水资源，提高农产品的安全性和生态友好性。合作社还可以通过推行循环农业模式，实现种植与养殖的相互结合，如利用农作物秸秆饲养牲畜，牲畜粪便又作为有机肥料用于种植，从而实现资源的高效循环利用。

精准农业的推广是合作社推动农业农村现代化的另一大亮点。合作社通过引入物联网、大数据等技术，能够对农业生产的全过程进行精确监测和管理。例如，利用土壤传感器监测土壤的水分和养分含量，精准指导灌溉和施肥；通过无人机进行田间巡查和病虫害监测，实时制定防治方案，减少病虫害对产量的影响。这种基于数据和技术的精准管理，不仅能够提高农作物的产量和质量，还显著减少了资源的浪费和环境的污染。

智能化农业是合作社推动农业农村现代化的另一项重要举措。通过引入无人机、自动化播种机和智能灌溉系统等设备，合

第八章 合作社的未来发展趋势与创新

作社能够实现农业生产过程的自动化和智能化。例如,植保无人机可以高效完成大面积的农药喷洒任务,既节省时间又减少农药使用量;智能灌溉系统能够根据实时气候和土壤数据,自动调整灌溉频率和水量,避免水资源的浪费。此外,通过使用区块链技术,合作社可以建立农产品溯源系统,确保农产品的质量和安全,让消费者放心购买。

这些创新模式的推广,不仅提高了农业生产的效能,也降低了生产对环境的负面影响,为实现农业的可持续发展提供了可能性。通过这些努力,合作社在提升农产品市场竞争力的同时,也为构建绿色、智能和现代化的农业体系奠定了基础。

二、合作社是促进农民增收的重要途径

合作社是促进农民增收的重要途径。通过组织农业生产和加工,合作社能够为农民提供稳定的收入来源,减少生活困难户的收入波动。例如,合作社通过统一采购、加工、销售等环节,帮助农民获得更好的市场价格,从而提高收入。合作社还通过建立保底收购、分红机制等形式,保障农民的基本收入,并让他们参与合作社的经济成果分配,提升农民的收入水平。

此外,合作社还积极参与乡村振兴工作,通过提供种植技术、市场信息、金融支持等服务,帮助生活困难户提高生产技能,增加收入来源,提高收入水平。例如,合作社可以为生活困难户提供低息贷款、农业保险等金融产品,降低生产风险,并帮助他们进入稳定的市场。

三、促进农村产业融合与发展

合作社通过推动农业产业链延伸和融合,促进了农村经济的多元化发展。传统的农业生产模式往往过于单一,导致农民收入较低且风险较大,而合作社则通过开展农产品加工、品牌建设、

物流配送等多项业务,将农业与其他产业进行深度融合,提升农业的附加值。

例如,合作社不仅提供种植和养殖服务,还通过开展农产品深加工(如果蔬加工、米面加工等)和电商销售等业务,拓展了收入来源,减少了农民对单一农业生产的依赖。合作社还可以推动农产品品牌建设,帮助地方特产进入市场,提升产品的市场竞争力。此外,合作社还可以推动农村旅游、文化产业等非农产业的发展,促进农村经济的多元化和综合发展。

四、改善农村基础设施与社会服务

合作社不仅在产业层面推动乡村振兴,也在社会和公共服务方面发挥着重要作用。合作社在提高农民收入的同时,还积极参与到农村基础设施建设和社会服务的提升中。例如,合作社可以通过自身的资源和资金,为农村地区建设更好的道路、水利设施、仓储设施等基础设施,改善农业生产条件和农村居民的生活质量。

合作社还可以为农民提供教育培训、技术咨询、法律援助等服务,提升农民的综合素质和社会参与感。通过这些服务,合作社能够增强农村社区的凝聚力和乡村振兴的可持续性。

五、推动乡村文化振兴与社会责任

合作社不仅在产业上支持乡村振兴,还积极推动乡村文化振兴。合作社通过组织文化活动、传承地方传统、开展乡村旅游等方式,弘扬乡村文化,增强农民的文化自信。例如,合作社可以通过组织农村节庆活动、民俗文化展示等形式,提升乡村文化的影响力和凝聚力,促进农村精神文明建设。

此外,合作社还承担着一定的社会责任,通过乡村振兴助困、环境保护等公益项目,促进乡村社会的和谐与可持续发展。

第八章 合作社的未来发展趋势与创新

通过实践社会责任,合作社不仅能够提升自身的社会形象,也能引领农民形成合作共赢的社会风气,推动乡村的全面振兴。

六、助力农村环境保护与生态修复

随着环保意识的增强,合作社在生态环境保护方面的作用日益突出。合作社通过推广绿色、低碳农业生产方式,帮助农民实现农业生产与生态保护的双赢。例如,合作社可以推动有机农业、循环农业等环保生产模式,减少对环境的负面影响,同时提高农产品的质量和市场竞争力。

合作社还可以通过生态农业项目,开展乡村环境修复工作,例如推广水土保持、垃圾回收和再利用、绿化植树等项目,提升乡村的生态环境质量,为农民创造更宜居的生活条件。

第二节 新兴农业模式对合作社的影响

随着农业科技的发展和消费者需求的变化,新兴农业模式正在对合作社产生深远影响。这些新兴模式不仅改变了传统农业的生产方式,还影响了合作社的运作模式、产业结构、管理方式以及市场营销策略。

一、提升农业生产效率与质量

新兴农业模式,特别是精准农业和智能农业的应用,大大提高了农业生产的效率和产品的质量。通过引入物联网、大数据、人工智能等技术,合作社能够实现精准种植、精准施肥、智能灌溉等管理方式,减少资源浪费,提高作物产量和质量。例如,合作社可以通过传感器和无人机等设备监控土壤湿度、温度等参数,精确控制灌溉和施肥,确保作物在最佳生长环境中生长,从而提高产量和减少生产成本。

新兴农业模式还通过提升生产管理的自动化和智能化水平,减少了人力成本和管理难度。带头人通过引导合作社成员学习并应用这些新技术,可以使合作社在竞争激烈的市场中占据优势,提高农业产业的整体生产效率。

二、促进生态农业与可持续发展

新兴农业模式的推广与生态农业理念相契合,推动了合作社向绿色、低碳、可持续的方向发展。例如,生态农业模式通过有机种植、循环农业和种养结合等方法,不仅提高了农产品的附加值,还有效保护了土壤和水资源,减少了化肥和农药的使用。

带头人通过引入生态农业模式,可以帮助合作社实现农业生产与生态环境保护的双赢。例如,通过实施"水稻+鱼虾"或"林下养殖"等生态循环农业模式,不仅提高了农业生产效益,还改善了生态环境,使合作社在保持经济效益的同时,履行社会责任和环保责任。

这种转型使合作社能够满足现代消费者对绿色、有机农产品的需求,并为推动乡村振兴和生态保护作出贡献。同时,合作社的绿色形象和环保生产模式,能够吸引环保意识强的消费者和市场,增强其市场竞争力。

三、改变农业生产方式与产业结构

新兴农业模式,如农业产业化、数字农业等,推动了合作社从传统的农业生产向更加现代化、产业化、智能化的方向转型。农业产业化模式使得合作社不仅局限于生产,还扩展到农业加工、物流、营销等环节,逐步形成从田间到餐桌的完整产业链。

带头人通过引导合作社实施产业化经营模式,可以实现产品深加工,增加产品附加值。例如,合作社可以通过投资农产品加

第八章 合作社的未来发展趋势与创新

工厂,或与企业合作,将原料农产品加工成更高附加值的产品,如果汁、酱料、健康食品等。这种产业链延伸不仅提升了合作社的整体收入,也帮助农民脱离了单纯的农产品生产,逐步实现了多元化经营。

同时,数字农业的应用使得合作社在生产、管理、营销等方面实现数字化转型。通过数据采集、智能分析和精准营销,合作社能够更好地应对市场需求变化,快速调整生产和销售策略,优化资源配置,减少生产成本。

四、强化合作社的市场竞争力和品牌建设

新兴农业模式有助于合作社建立更强的市场竞争力,尤其是在品牌建设和市场拓展方面。随着消费者对品质、健康和环保的重视,合作社需要通过创新的农业模式提升产品的质量和竞争力,从而在市场中脱颖而出。

例如,通过推广绿色农业、智能农业和有机农业等模式,合作社能够打造差异化的品牌,吸引注重健康、环保的消费者。合作社还可以通过加强与电商平台的合作,拓宽销售渠道,提升品牌知名度。新兴农业模式使合作社能够更精准地对接市场需求,提升品牌的市场占有率和忠诚度。

五、提升合作社的组织化程度

新兴农业模式的推广促使合作社逐步向专业化、规模化方向发展。带头人通过引导合作社采用现代化的生产技术和管理手段,能够提升合作社的组织化水平,增强合作社在市场中的议价能力和资源整合能力。合作社通过信息化管理和数字化工具的应用,能够实现高效的资源管理、精准的市场营销和高效的供应链管理。

例如,通过引入合作社管理系统、线上平台和数字支付系

统，合作社可以更便捷地进行资金管理、产品销售和会员管理，提升组织运作的透明度和效率。这种现代化管理模式不仅能够提升合作社的运营效率，还能够增强农民之间的凝聚力和合作精神，为合作社的可持续发展奠定坚实的基础。

六、政策支持与社会资本的引入

新兴农业模式的发展为合作社提供了更多的政策支持和社会资本的引入机会。政府对新型农业模式的支持政策，如绿色农业补贴、农产品认证、科技创新基金等，能够为合作社的发展提供资金和政策保障。同时，现代农业模式的推广也为合作社吸引社会资本提供了契机，投资者和企业对具有创新性和可持续发展潜力的合作社更加青睐。

通过创新农业模式，合作社能够吸引更多的社会资源，包括金融支持、技术援助和市场渠道，从而促进合作社的发展和农民收入的增长。

第三节 合作社的未来发展方向与前景

合作社在我国农业农村现代化和乡村振兴战略中具有重要地位。随着农业市场环境的变化、技术进步和政策支持的深化，合作社的未来发展将呈现出以下趋势和创新。

一、数字化转型与智能化管理

随着信息技术的不断发展，数字化和智能化已经成为现代农业发展的重要方向。未来，合作社将加速数字化转型，广泛应用大数据、物联网、人工智能等先进技术，提升农业生产的效率和管理水平。智能化管理将在农业生产的各个环节得到深入应用，从而提高生产效率、降低成本，并改善农产品的质量。

第八章 合作社的未来发展趋势与创新

例如,精准农业技术通过传感器、卫星遥感、无人机等设备,能够实时监测土壤湿度、温度、气象数据等环境因素。合作社可以利用这些数据,自动化地调节灌溉、施肥和病虫害防治策略,精准控制生产过程。智能灌溉系统能够根据土壤湿度和气候变化自动调节水量,避免水资源浪费;无人机喷洒技术则可以根据实时数据精准喷洒农药和肥料,减少过量使用,降低农药残留,并且提高施药效率。此外,智能农业设备可以自动调整作物生长环境,提前预测并解决潜在问题,最终提高农作物的产量和质量。

合作社还将逐步建立智能化的农产品溯源系统,利用区块链技术追踪农产品的来源、生产、加工、运输和销售全过程,实现全程透明化管理。消费者通过扫码或应用程序可以了解每一批农产品的生产和流通信息,从而增强对农产品的信任。区块链的不可篡改性将为消费者提供可验证的产品质量保障,提高品牌的公信力和市场竞争力。此外,智能化的溯源系统也能帮助合作社从生产端至销售端优化管理,降低物流成本和流通环节中的浪费。

通过对大数据的积累和分析,合作社能够实现更加精确的市场需求预测,及时调整生产计划和销售策略。例如,利用数据分析工具,合作社可以识别哪些农产品在市场上需求较高,哪些产品可能面临过剩,从而避免盲目生产。智能化的市场预测和精准的生产决策,将显著减少库存积压和市场供需不平衡的风险,提高资源利用效率,提升合作社的运营效率和经济效益。

二、市场化与产业化深度融合

随着农业农村现代化的不断推进,合作社将不再局限于单纯的农业生产环节,而是通过深化产业链融合,推动产业的多元化发展。合作社将通过产业化经营,将农产品的生产与加工、物流、品牌建设等各个环节紧密结合,实现从田间到餐桌的全产业链覆盖，提高农产品的附加值。

未来，合作社将加大对农产品深加工的投入。通过引入先进的加工设备和技术，合作社能够将原料农产品加工成高附加值的食品、保健品或功能性产品。例如，将鲜果加工成果汁、果酱，或者将粮食加工成营养粉、即食食品等，不仅可以满足消费者对多样化和健康食品的需求，还能延长产品的保质期，提高市场竞争力。同时，深加工能够有效提高产品的价格，使农民通过合作社获得更高的收益。

合作社还将积极推动农业与现代服务业的融合，提升农产品的附加值和品牌竞争力。通过加强与零售商、分销商和电商平台的合作，合作社可以拓展产品的销售渠道，覆盖更广泛的消费群体。在电子商务的帮助下，合作社的产品能够突破地域限制，打入全国乃至国际市场。通过线上平台的销售，合作社不仅能够提高产品的销量，还能够通过线上直销模式减少中间商，提升农民的收入。此外，合作社还可以与企业合作，开展共同研发和技术创新，以提升农产品的质量和市场竞争力。

合作社的市场化不仅停留在产品的销售上，还包括品牌的塑造和推广。通过建立统一的品牌形象，合作社能够提升产品在市场上的辨识度，并通过精准的品牌营销吸引消费者的注意力。例如，带有地域特色的农产品可以通过品牌故事和包装设计，传递出产品的文化背景和质量保证。这不仅能够增加消费者的购买欲望，也有助于农产品在市场中占据独特的市场定位，打破价格竞争的局限。

通过产业化的深度融合，合作社能够在现代农业产业链中占据更加重要的地位，不仅提升了农民的经济收益，还能够促进农业生产的高效化和可持续发展。在这一过程中，带头人将继续发挥重要作用，引领合作社进行技术创新、市场拓展和品牌建设，推动合作社从传统农业生产模式向现代产业化、品牌化经营模式

第八章 合作社的未来发展趋势与创新

转型。

三、绿色可持续发展与生态农业

未来,绿色可持续发展将成为合作社发展的核心方向,推动农业生产向更加环保、节能和可持续的方式转型。随着消费者对环境保护和食品安全的关注不断增强,绿色农业和生态农业的理念将越来越得到重视,成为合作社在未来竞争中的重要优势。

合作社将更加注重生态保护与资源节约,实施更加绿色的生产模式。例如,推广有机农业、低碳农业和循环农业等方式,减少化肥、农药等化学物质的使用,保护土壤和水源,提高农业的可持续性。带头人可以通过倡导生态友好的种植和养殖方法,降低农业生产对环境的负担,从而推动农业与生态环境的和谐共生。例如,使用天然有机肥料和生态农药代替化学肥料和农药,避免对土地和水源的污染,增强土壤的肥力和生物多样性。

在具体操作中,合作社可以推行"水稻+鱼虾"或"种养结合"等生态循环农业模式,这些模式不仅能够提高土地的利用率,还能促进农业生产与环境保护的双赢。例如,在水稻种植区,合作社可以推广"稻田养鱼虾"模式,既能增加经济收益,还能通过水体养殖控制害虫,减少农药使用,同时提升水稻的生态环境价值。这种模式能够实现农业生产、资源保护和生态修复的有效结合,为农民提供更高的经济收益。

绿色可持续发展还包括生态农场和有机农场的建设。带头人可以通过引入先进的生态农业理念,推广绿色种植技术和养殖方式,推动农场在确保高产的同时实现生态保护。例如,通过采用立体种植、轮作和错季种植等方法,不仅可以提高土地的生产能力,还能减少对土地的过度依赖和单一作物栽培带来的土壤退化风险。通过这种生态农业模式,合作社不仅能够提高农业生产的可持续性,还能实现经济效益和环境效益的双重提升。

随着生态农业理念的推广,合作社不仅可以提高农产品的质量,减少环境污染,还能够迎合消费者对绿色、安全、健康农产品的需求,提升市场竞争力。

四、多元化服务与产业链整合

未来,合作社将不断拓展其服务领域,从单一的生产和销售功能向多元化的服务体系转型。这一转型不仅有助于提升农民的整体收入和生活质量,还能增强合作社的竞争力和可持续发展能力。

合作社将逐步向技术服务、金融服务、教育培训、市场对接、政策咨询等领域拓展,成为农民创业和生产的综合服务平台。例如,合作社可以通过提供农业贷款、保险、农资供应等金融服务,帮助农民解决资金不足的问题,降低他们的生产风险。这些服务不仅能够缓解农民在生产过程中遇到的资金短缺问题,还能够鼓励农民进行技术创新和扩大生产规模,进一步提升农业生产力和经济效益。

此外,合作社将通过提供技术服务和教育培训,帮助农民提升技能,增强其市场竞争力。例如,合作社可以组织定期的种养技术培训,传授先进的农业技术、市场营销技巧以及农业管理经验,帮助农民掌握最新的生产知识和技能。此外,合作社还可以为农民提供市场对接服务,帮助他们了解市场需求,开拓销售渠道,从而提升产品销售和收入。

随着产业链的整合,合作社将不再只是单一的生产主体,还将深入参与到农业产业的各个环节,实现从种植到加工、从生产到销售的全产业链覆盖。这种整合模式可以通过"公司+农户""合作社+大户"等形式,带动合作社在农业产业中的影响力和竞争力。例如,合作社不仅负责种植,还可以通过与农产品加工企业合作,推动农产品的深加工,提升附加值;在销售环节,合作

第八章 合作社的未来发展趋势与创新

社通过整合线上线下销售渠道,确保农产品的顺利流通和市场覆盖。

通过产业链的整合,合作社能够实现资源的最优配置,促进农业全产业链的协同发展,从而提高整个农业产业的生产效率和市场竞争力。这不仅能够帮助农民增加收入,还能推动农业产业向更加集约化、现代化、绿色化方向发展。

五、社会化与公共服务功能加强

未来的合作社不仅是经济组织,它将成为推动农村发展和促进社会和谐的中坚力量。随着农村社会发展和农民生活水平的提高,合作社的社会化功能将逐渐得到强化,成为连接农民与社会、政府和市场之间的重要桥梁。合作社不仅肩负着经济功能,还将承担更多的社会责任,参与到公益、乡村振兴、社会服务等方面。

合作社可以通过组织志愿者服务、乡村振兴助困、农村医疗卫生、环境保护等社会活动,增强农民的社会责任感和合作精神。例如,合作社可以定期组织志愿者活动,开展乡村振兴助困项目,为困难家庭提供物资援助或技能培训。合作社还可以组织农村医疗卫生项目,提供基本的健康检查和疾病预防知识,帮助农民改善健康状况,减少因病致贫的情况。此外,合作社还可以参与到环境保护的工作中,例如组织植树造林、垃圾清理和生态修复等活动,提升农民的环保意识,促进绿色农业发展。

合作社的公共服务功能也将进一步加强,尤其是在农民教育、信息传播和乡村文化传承等方面。合作社将通过开展农业技能培训、文化教育和信息服务等,提升农民的综合素质,帮助他们更好地融入现代社会。合作社还可以在农民中推广现代农业技术、市场信息和政策法规等,帮助农民获得更多的资源和机会。此外,合作社还可以成为乡村文化传承的重要阵地,组织传统节庆活动、民俗文化教育和乡村旅游等项目，增强农村的文化自信和凝聚力，进一步推动乡村振兴。

通过增强社会化功能和公共服务，合作社不仅能够提升农民的经济和文化水平，还能够在更广泛的社会层面上发挥积极作用，促进农村的全面振兴和可持续发展。

六、跨界合作与合作社联盟发展

未来，合作社将不再局限于传统的生产与销售领域，而是逐步走向跨界合作和联合发展的方向。随着市场的全球化和农业产业链的日益复杂化，单一的合作社模式将面临更多挑战。因此，合作社需要通过跨界合作和联盟发展，推动资源整合、优势互补，并提升整体竞争力。

带头人不再单打独斗，而是通过与政府、企业、科研机构、行业协会等各方的深度合作，推动合作社的发展。例如，合作社可以与农业科研院所合作，引入新的种植技术、养殖技术和管理经验，通过科技创新提高生产力和产品质量。合作社还可以与金融机构合作，为农民提供贷款、保险等金融服务，解决农民在生产中的资金问题，减少生产风险。此外，与政府部门合作，可以推动更多政策支持，申请专项资金或政策优惠，进一步提升合作社的生产能力和市场竞争力。

此外，合作社联盟的形成将成为一种重要趋势。多个合作社可以通过联盟形式实现信息共享、资源共享和市场共建。这种合作模式将增强合作社之间的互助合作，降低生产和销售成本，提高整体效率。例如，在农产品的营销和品牌推广方面，多个合作社可以联合起来共同推广本地区的特色农产品，通过集体力量扩大品牌的市场认知度和影响力。通过合作社联盟，合作社能够实现集体谈判、统一采购和共同营销，从而降低市场竞争压力，提高产品的市场份额。

第八章　合作社的未来发展趋势与创新

联盟合作还能够帮助合作社实现规模化经营和产业化整合，形成强大的产业链条，覆盖从原料生产到终端销售的各个环节，提高农业产业链的综合竞争力。这种跨界合作和联盟发展将为合作社带来更多的资源和机会，推动合作社的长远发展，实现更大范围的利益共享。

总之，合作社的跨界合作与联盟发展，不仅有助于合作社拓宽发展路径、提高市场份额，还能够增强合作社在农业产业中的话语权和影响力，推动农业全产业链的协同发展，促进农业农村现代化和乡村振兴。

七、社会责任与可持续商业模式

未来，合作社的商业模式将不再仅专注于短期的经济效益，而是更加注重社会责任和可持续发展的长远目标。随着社会对企业社会责任（CSR）和可持续发展的关注增加，合作社作为重要的农业生产和社会组织，其责任不仅是实现经济利益，还要为农民、社区和环境创造更广泛的价值。

合作社将通过建立公平交易和社会公益项目，积极推动农村地区的可持续发展。例如，合作社可以与消费者、企业和政府合作，推行公平交易，确保农民获得合理的收入分配。同时，合作社可以开展乡村振兴、环境保护、教育支持等社会公益项目，改善农民的生活条件和福利，提高他们的社会保障水平。通过这种社会责任的实践，合作社能够帮助生活困难户实现致富，促进乡村经济的可持续发展。

合作社还可以通过提供社会服务和参与社区建设来推动乡村振兴。例如，合作社不仅提供农业生产服务，还可以组织医疗、教育、环境保护等项目，提高农民的生活质量和社会参与度。通过这些公共服务，合作社能够增强农民的社会责任感和合作精神，提升他们的整体素质，推动乡村全面振兴。

此外，践行社会责任的合作社将能够树立更高的社会信誉和品牌形象，吸引更多消费者的认可和支持。在当前市场竞争激烈的环境下，消费者对于企业的社会责任和产品的可持续性越来越关注。合作社通过展现其社会责任，不仅能够增强品牌的市场认同度，还能够获得来自消费者的信任和忠诚。这种信任将转化为市场份额和销售额的提升，从而为合作社带来更强的竞争力和更广阔的发展空间。

例如，合作社可以通过推行绿色环保的生产模式，减少化肥农药的使用，提升农产品的安全性和生态友好性，吸引注重健康和环境保护的消费者群体。同时，合作社可以通过公开透明的经营方式，建立可追溯的供应链，保证产品的质量和来源，让消费者安心购买。通过践行社会责任，合作社的品牌形象将得到极大提升，长期来看，这种社会化的商业模式将为合作社带来更加稳定和可持续的市场回报。

参考文献

耿方梅，朱玉梅，2024. 低碳农业目标下农民专业合作社发展能力提升的影响因素研究［J］. 山西农经（17）：126-130，134.

何国平，2017. 中国农民专业合作社制度变迁、影响因素研究［M］. 北京：中国经济出版社.

胡苗忠，陈丽君，徐海燕，2014. 农民专业合作社会计实务［M］. 杭州：浙江工商大学出版社.

吉宝飞，2024. 与农民更贴心山东省潍坊市供销合作社打造"四社共建"机制［J］. 中国合作经济（9）：53-55.

梁巧，2021. 农民专业合作社社会资本益处与困境［M］. 杭州：浙江大学出版社.

梁姝娜，宋剑晨，2024. 农民专业合作社绩效评价及影响因素——基于寿光市蔬菜合作社调查结果的统计分析［J］. 鲁东大学学报（哲学社会科学版），41（5）：60-68.

倪莉莉，高齐，2024. 黑龙江省农民专业合作社高质量发展的思路及对策建议［J］. 黑河学院学报，15（9）：62-64.

钱森，2017. 农民专业合作社制度思辨［M］. 济南：山东人民出版社.

沙占华，马佳欣，2024. 中国式现代化进程中的农民农村共同富裕探赜［J］. 北京农业职业学院学报，38（5）：1-9.

肖晓哲，2024. 乡村振兴视域下的农民专业合作社推进农村产业融合的机制构建［J］. 农业经济（9）：95-97.

徐麟辉，张克非，刘凤会，2013. 怎样办好农民专业合作社[M].兰州:甘肃人民出版社.

苑鹏,2024.应充分发挥农民专业合作社在农业社会化服务中的制度优势[J].中国农民专业合作社(9):18-19.

张永兵,2017.农民专业合作社财产制度研究[M].武汉:武汉大学出版社.